マネー消失

Vanishing
Point of
MONEY

金本位制で再生するしかない
金融秩序の崩壊

若林栄四

ビジネス社

まえがき　強制終了する世界経済！

アメリカ・ニューヨークに住み始めて37年が経つ。

きっかけはサラリーマン（東京銀行）につきものの転勤であった。本来はロンドンに赴くはずだったのが、銀行側の事情から急遽ニューヨークに変更となった。１９８３年のことである。

ニューヨークというか、アメリカは私にとってすこぶる居心地の良い場所であった。バブル華やかなりし85年にニューヨーク支店次長になった。

当時は日本の地銀が競うようにニューヨークに駐在員事務所（レップオフィス）を開設していた。ただしレップオフィス代表の仕事は残念ながら、日本からニューヨークに来たお客さんの出迎え、見送り、観光アテンドで、仕事らしいことはほとんどしていなかったように思う。

驚くかもしれないが、当時の東京銀行ニューヨーク支店には日本人行員が２００人もいた。私はトレーディングのプロフェッショナルであると自負していたが、管理職の次長になると現場から離れなければならなかった。何よりも現場が好きな私は管理職では成功しないと自覚していた。さらに管理職で経験を積んで経営職になる能力は到底ないと自覚していた。さて、どうするか。肚は決まっていた。

銀行を辞め、87年に勧角証券のニューヨーク法人に移った。役職は執行副社長。格好よく言えば、勧角証券にスカウトされたのである。そのときあろうことか、被写体として新潮社の写真雑誌「フォーカス」に載った。見出しはたしか、「数億円で引き抜かれた男」だったか。

ある日、ニュージャージーの自宅まで編集者とカメラマンが突然押しかけてきた。大雪の日だったけれど、私は彼らを家には入れずに取材を断った。後日、そのときに盗撮された写真と出鱈目の記事が載った。これは当時ニューヨークで働いていた金融業界の連中はみな知っていることである。

ということで、プラザ合意から2年後の87年10月19日に起きたブラックマンデーのとき、私はニューヨークにいた。あのときＣＦＴＣ（米商品先物取引委員会）で先物に携わっていたトレーダー連中の中には夜逃げした人も多かったと聞いている。

ひとつ指摘しておきたいのは、すでにブラックマンデーのとき、株取り引きに新しいイノベーションが導入されていたことだ。コンピュータにより自動的にリスクヘッジを行うポートフォリオ・インシュアランスというもので、この自動売買システムによる売りがよりリスクを増幅させたために、売りが売りを呼んでしまったのである。

そんなものがなければ、相場が落ちたところで買いが出てくるのだが、この新しいイノベーションが足を引っ張ってしまった。だから1日で22％以上も株価は下がった。けれども、それはわずか1日の出来事で終わった。


そして今回のコロナショックによるアメリカ株の大暴落。感染症は時間の経過とともにやがては収まるが、株価の崩壊は始まったばかりで、3年ほど続くはずである。感染症パニックはその株価暴落のきっかけをつくったに過ぎない。

私はかねてよりアメリカ株が暴落するのは時間の問題で、こういう事態になることは確信していた。「やっぱりきたな」が正直な心持だったが、どういう出来事がきっかけになって大暴落が訪れるのかはわからなかった。バブルをずっと膨らませてきたのだから、何かの形で必ず破裂する場面がやってくる。破裂が来ないわけにはいかないからである。

さすがにバブルが破裂するときは凄まじいなと思った。やはり半端ではない。私自身、身近にマーケットを見ていたし、バブル破裂の第1撃目でどのあたりまで下げるのかも見当もつけていた。

ただ、ここまで凄いかなという感覚を抱いたのも確かであった。時代もブラックマンデー当時とちがうし、当局がさまざまな口先介入をしたり、お金を入れたりするから、マグニチュードはブラックマンデーと比べて小さいのではないかと思っていたが、やっぱりバブルの破裂は半端ではない。

3月12日の米株式市場は暴落。ＮＹダウ（ダウ工業株30種平均）は、過去最大の下落幅となる前日比２３５２ドル安の２万１２００ドル62セントと、わずか１カ月前（２月12日）に記録した過去最高値（２万９５５１ドル42セント）から28％も下落した。

それでも下げは止まらなかった。16日のＮＹダウは前週末比２９９７ドル安の２万１８８ドルに急落。12日の過去最大の下げ幅をあっさりとしかも大幅に塗り替えた。この日も寄り付きから売りが殺到し、12日に続き、一時売買を停止するサーキットブレーカーの発動となった。

リーマン・ショック級の大暴落に、私自身としてはおおいに満足はしたけれど、その一方、あらためてその恐るべきマグニチュードの大きさに震撼した。そして、こういう激流に絶対に逆らってはいけないのだと胸に刻んだ。

この10年間、マーケットが大きく下がったら、次は必ず「買い」でよかった。買いが正解だった。だからＮＹダウが大きく下がれば、みな「サンキュー・ベリー・マッチ」の心持ちであった。

今回もどっと下がった日の直後、1000ドル上がった日があった。あのときマーケット関係者の様子を見ていたら、「これで終わった」とみんなニコニコ顔だった。2万7000ドルまで戻ったときのことだ。だが、NYダウはその戻り高値から、そこから1000ドル下落、2000ドル下落と下げ足を速めた。

従来のパターンでは、1日で1000ドル上げたら、「もうこれで下げマーケットは終わった」と判断してよかった。だが、今回はまったくちがっていた。

馴染みの個人投資家から、「今回のコロナショックの暴落と、34年前のブラック・マンデーとでは雰囲気はちがうのか?」と問われたのでこう返した。

「1987年のときは自分は為替を見ており、株にはあまり興味がなかった。ただ1日で22・6％もの大暴落だったので、それは事件として知っていた。今回は自分がその真っ只中にいる。あの当時はなにか傍観者のような感覚であった。フィーリング的には今回のほうがはるかにエキサイティングである」

ただ1987年当時、私は証券会社に在籍していたのだから、会社としては大騒ぎだった。

もう時効だから言うのだが、証券会社の人たちは「相場の構造」がまったく理解できていないので、その日に出てきた材料に一喜一憂するだけ。言ってみれば、ニューヨーク証券取引所の場立ちのトレーダー連中と同じである。

日本の経済マスコミにしたって似たようなものだ。その日その日で、ニコニコ顔をしたり、あるいはしゅんとうなだれたりしている。世の中、まったく相場について理解していない人が相場を語っているから恐ろしい。

彼らは、相場が上がり続けているときは、強気の材料をつくって囃《はや》すので、材料で相場が動くと誤解している人たちは典型的に失敗するわけである。

通常、相場とは下がれば買いでいいし、ＰＥＲ（株価収益率）にしても19倍が15倍になったなら、常識的には買いである。

けれども、売りが売りを呼び、さらにそれが売りを呼ぶ。こうしたモメンタムが働き出したら、これは恐慌である。

今回の株式急落がどの程度の恐慌のサインなのかはこの先を見なければわからないけれど、かつてないような崩れかたを見ると、ＮＹダウを2万９５００ドルまでもっていく過程において、怖ろしいほどのレバレッジが入っていたことがわかる。低金利と膨大なマネー供給量で、誰もがレバレッジをかけられるような状態になっていたわけだ。したがって、ほとんど実体のない世界で株価だけが上昇していった。

QEを2010年頃に始めたFRBはデフレ経済のなか、4兆5000億ドルのマネーを注入した。日銀、ECBなどもそれに続いた。世界で1000兆円もの通貨印刷が行われ、バブルをクリエイトしてきた。

その過程で、投資家は借金して自社株買いをするなど、ありとあらゆる種類のレバレッジをかけて株バブルを押し上げていった。そうして歪な形でつくり上げられたバブルがいま破裂し始めている。相場についてはその後、上がったり下がったりを繰り返しているとはいえ、下げ基調は変わらない。

私は今回の下げは恐慌だと捉えている。バブル破裂が恐慌を呼ぶのだ。

ある人はPERが14、15倍にまで下がってきたので、そろそろ下げ止まるのではないかと言っている。だが、それはちがう。世の中そのものが変わってしまう可能性があるからだ。PERが14倍だからいいというのは、過去の経験則のなかの話でしかない。

もちろんPERといっても、いまの利益水準でPERをはかるわけだから、景気が悪くなって利益水準が落ちたら、PERは同じでも株価はどっと落ちる。そういうこともあるけれど、今回はそうしたレベルに留まらず、大きなところが変わってしまうのであろう。いまはそういう踊り場にいる。

そして今回の株価大暴落はＧＡＦＡの株価だけは別格であるという神話を崩してしまうのだろう。

私はＧＡＦＡを形成する各社が素晴らしい企業であることは承知している。けれども、本当にＧＡＦＡが１兆ドル以上、あるいは１兆ドルに近い時価総額であることには疑義を呈している。そこまで買い上げているのは、マーケットがＧＡＦＡ神話を信じているからにほかならない。

もちろんＧＡＦＡはソリッド（堅固）で、そう簡単には崩れない。けれども、神話についてはソリッドではないのではないか。

私は今回のアメリカ株の崩壊は始まったばかりで、３年ほど続くと考えている。最終場面に向かう過程のなかで壊れるのが「ＧＡＦＡ神話」で、そのときにＮＡＳＤＡＱも大底を打つのだと考えている。

ここで人々はようやく気付くのだろう。ＧＡＦＡ神話そのものが巨大なバブルであったということに。

２０２０年５月

若林栄四

第1章　アメリカはすでに恐慌状態に陥った！

第2章　強すぎたドルがついに凋落する日

第3章　救いようのない日本経済のゆくえ

第4章　没落する資源国

第5章　経済的な伸びしろのない中国の限界

第6章　不毛の米大統領選挙

最終章　相場についての考察

第1章

アメリカはすでに恐慌状態に陥った！

100年に一度のバブル破裂がやってきた

2020年2月5日、下院で弾劾されたトランプは上院でウクライナ疑惑に絡む権力乱用と議会妨害の2件で無罪放免になると、議会で彼に不利な証言をした人たちを片っ端からクビにした。

トランプの国民支持率は過去最高の47・3％に達し、再選確実というムードを醸しだすに至った。アメリカ株のほうも勢いづき、連日ガンガン上がっていった。

私は自分のブログに「既視感がある。これは2000年のITバブルの破裂前と同じ感じがする。こうした人々のユーフォリック（多幸症）状態はバブル破裂の前夜であることを示している」と書いた。

その一方で、尊敬すべきイエール大学のロバート・シラー教授が大失態を演じた。経済学なんぞ私は学問とは認めていないから、あんなものにノーベル賞を与えること自体が馬鹿げていると思うのだが、シラー教授はノーベル経済学賞を受けた人物としても知られる。

シラー教授はかねてより彼が考案したケープ（CAPE）・レシオ（指標）から見て、アメリカの株価は高すぎると懸念を表明していた。

「すでに株価は大恐慌のときと同じくらい上がりすぎており、もはや大恐慌前夜である」

まったく尊敬すべき先見性である。

このケープレシオの危険度でいくと、ITバブル（NASDAQ）前夜、今回のコロナショック前夜、大恐慌（NY）前夜の順であった。株価が大天井を打った後、どういう結果を招いたのか。大恐慌は89％、ITバブルは80％の大暴落となった。今回の3月に始まった暴落はどれだけ落ちるのか。

参考までに申し上げると、大恐慌前夜までのブル（強気）マーケットは、1921年8月安値63・9ドルから1929年9月天井386ドルまでの8年間で5倍の上昇であった。そして今次は2009年3月6469ドルから2020年2月2万9568ドルまで11年間で4・57倍とマグニチュードはほぼ互角である。

ところが、シラー教授がずっと警告を発し続けていても、アメリカの株価は上がり続けた。上昇のあまりの勢いに2019年年12月、シラー教授はついにそれまでの主張を翻してしまった。

「トランプは異数のコミュニケーターだから、彼のセールスピッチ（トーク）に株価は大幅上昇するかもしれない」

シラー教授は禁忌《タブー》を破った。これまで自説を頑として譲らなかった彼がついに我慢しきれなくなって、宗旨替えをした。このような歴史的な宗旨替えをすると、皮肉にもマーケットはたいてい天井を打つことになるわけで、果たして今回もそうなった。

これと似たようなことがあった。1929年の大恐慌前のバブル破裂直前に、当時アメリカ経済学の最高峰と讃えられていた経済学者のアービング・フィッシャーが「アメリカの株価は永久に高値に止まる大地高台に到着したようだ」と述べたのだった。それから1カ月も経たないうちに株価が暴落し始めた。フィッシャーは偉大な経済学者であったが、この一言で永遠に汚名を着せられた。死後73年経ったいまも彼は草葉の陰で、イエール大学で後輩にあたるシラー教授の発言を悔やんでいるだろう。

こうした出来事は相場の天井でよく起きる。これは一種の人気である。天井の「値頃」「日柄」「人気」、この3つの要素が完全に極まったのが今回の大暴落だった。

NYダウの天井は2月12日、1カ月も経たないうちに20％も落ちた。NASDAQの天井は2月19日だったから、20日でほぼ2割落ちた。

「株価大天井示現後のパフォーマンス」を見ていただきたい。

メジャークラスが大恐慌とITバブル破裂、次にマイナークラスがオイル・ショックとサブプライム・ショックとしているが、今回の暴落は間違いなくメジャークラスになると思う。先にもふれたが、ケープ指標で見ても大恐慌前、2000年のITバブルと肩を並

株価大天井示現後のパフォーマンス

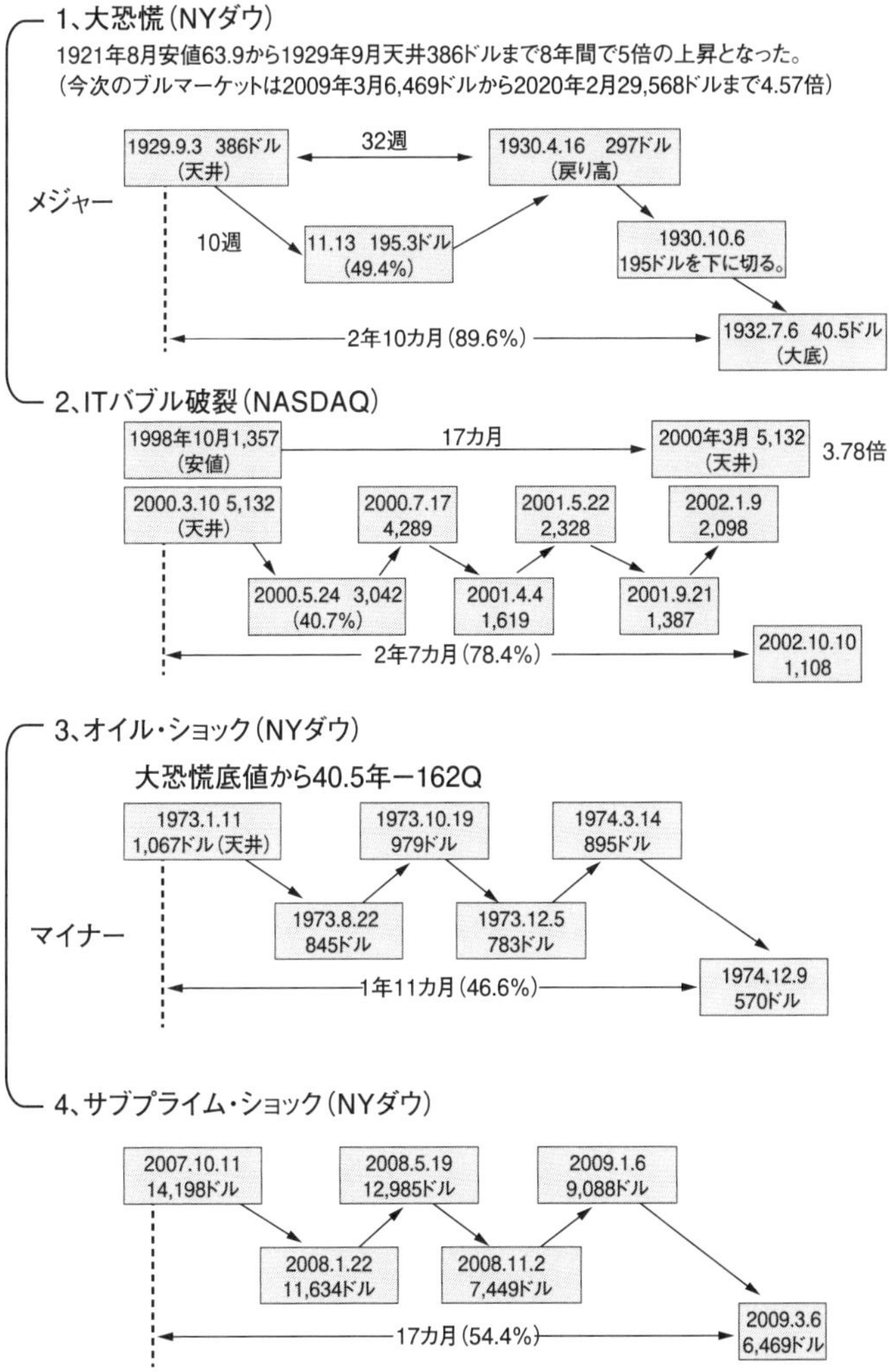

べている大天井であるからだ。

詳細は後述するが、間違いなくこれから3年かけて100年に一度のバブル破裂がやってくる。いまはまだその序章にすぎない。

4つの暴落パターン

まずは大恐慌の場合を振り返ってみよう。ご覧のとおり1921年から8年間で5倍の上昇で、386ドルまでNYダウは上がった。

29年9月3日に386ドルの天井をつけたが、その後、急落をみた。10月24日の「暗黒の木曜日」を経て、天井から10週間経った11月13日まで49・4%も下がった。その後、今度は天井からの8カ月目、30年4月に向けて戻り高で、195ドルに下がったものが297ドルまで回復している。今度はそこから落ち始めた。相場だから、必ず上がったり下がったりしながら落ちていく。いまのアメリカ株と同じように。

30年10月、天井から13カ月目くらいに前回の安値195ドルを下に切った。そこからはもうひたすらに下がっていく。2年10カ月で89・6%、約9割の暴落をみたのが大恐慌のパフォーマンスであった。

この大恐慌に匹敵するものがITバブルの破裂だ。こちらはNASDAQである。

1998年10月の安値1357から17カ月で3・78倍、5132まで上昇した。天井をつけたのは2000年3月10日。それでズドーンと10週間で40・7％も落ちた。それからいったん2カ月後の7月に戻り高値4289をつけたけれど、2001年4月に向けての9カ月で、1回目の落ちと同等の38％の下落を記録した。その後は9月11日の同時多発テロ、アフガン戦争突入を経て、さらに売られて1108まで落ちた。

結局、天井から2年7カ月、78・4％、約8割の大暴落となった。これもメジャークラスの暴落で、私は今回の暴落はこのメジャークラスではないかと確信している。

たとえば今回の下げ相場はちょっとやりすぎて折り返して、4月くらいまでやや戻すという展開を見せた。NYダウは3月23日の底値1万8213ドルから、4月17日には2万4234ドルまで戻した。NASDAQについても3月23日の底値6631から、4月20日には8684まで回復させた。そろそろ戻り相場は終了である。そこから5月、6月にかけてもう一発ドドーンと大きく下げて、戻り高から4割暴落をみるならば、メジャークラスの暴落パターンに入ってくる。

そうではなくて仮にマイナークラスのショックならば、どういった動きを見せるのか。

21ページ上から3番目のオイル・ショック（NYダウ）の図表をご覧いただきたい。

大恐慌底値からの162四半期目、黄金分割、1973年1月に1067ドルの天井をつけた。そこから31週かけて845ドル、やはり20％程度下落した。そして73年10月、ここがオイル・ショックの始まりであった。979ドルから570ドルまで落ちた。結局、1年11カ月で46・6％の暴落であった。

もう一つサブプライム・ショック（NYダウ）というパターンがある。

アメリカの住宅価格の暴騰により、2007年の10月に1万4198ドルの天井をつけたけれども、株価は1万1634ドルまで下がった。

イニシャリー（初期）には14週で18％落ちた。これは今次の3月のショックよりまだ軽い。今次はすでに38％以上落ちている。2008年の9月からリーマン・ショックに見舞われ、戻り高の1万2985ドルから6カ月で7449ドルまで急落した。それからちょっと戻ったものの、2009年3月にこれをさらに下に切って、6469ドルまで下げ、17カ月で54％の下落となった。

実体経済に見合った水準まで減っていく世界のマネー

今回の3月の暴落は、いま取り上げた4つのパターンのどれになるかは誰にもわからない。確かなことは、アメリカの異常な株高バブルの破裂は時間の問題であったということである。

不思議なのは、この期におよんでもいわゆるGAFA（グーグル、アマゾン、フェイスブック、アップル）に対する市場の信頼が崩れていないことだ。

フェイスブックを除く3社とも時価総額が1兆ドルを超えた時期があった。現時点で1兆ドルを超えているのはアップル、アマゾンの2社である。GAFA以外ではマイクロソフトが時価総額1兆ドルを維持している。

ここ数年にわたるGAFAの馬鹿げたような集中的な人気が、アメリカ株全体を猛烈に押し上げてきた。GAFA人気をバックに株価を上げた企業も多くあったけれど、いまはみな株価を大きく下げている。だが3月の大暴落後もGAFAの株価はアマゾンを除き、10数％程度の下落でおさまっている。アマゾンは急落したものの、その後は急反発を見せた（4月20日時点）。

ＧＡＦＡ株が相変わらず高値を推移しているのは、ＧＡＦＡ神話が市場に根強く残っているからにほかならない。ＧＡＦＡだけは大丈夫だという神話が市場に横たわっているのだ。

確かにＧＡＦＡが依然としてイノベーションで新しいビジネスを生み出すポテンシャルを内包しているのは、誰もが認めるところである。だから、ＧＡＦＡそのものには問題はない。

しかしながら、ＧＡＦＡの株価だけがべらぼうに高いという神話は崩れ去るのではないかと、私は思っている。

株式市場の連中はいまだにＧＡＦＡを神格化しようとしている。他の株は駄目だけれども、ＧＡＦＡは別格だ。なぜならば業績が良く、資金力は豊富、イノベーション力も十分だし、とにかく申し分ない。したがって、ＧＡＦＡの株は下がらない、下がり切らないのだと。

だが、私に言わせたら、そんなものには何の根拠もない。業績は良くなるかもしれないけれども、ＰＢＲ（株価純資産倍率）は28倍でいいのか、ＰＥＲ（株価収益率）は72倍でいいのか、そこが問題ではないのかということになる。株式全体のバリュエーションが革命的に変わることはないのかという疑問である。

だから、PBRが上がってもPERが落ちれば……私はGAFA神話などまったく信用していない。頼みの綱であるGAFAが崩れたとき、いったいアメリカの株価はどこまで落ちるのか？　それを考えただけで怖ろしい。

いま、われわれが経験しつつある株価の暴落とは何かというと、世界に出回りすぎたマネーを〝収縮〟させる作業が行われているわけである。

あまりにもマネーがだぶついたからだ。実体経済の何十兆ドル分以上のマネーが余計に出回っている。それを今度は実体経済に〝合わせた〟ところまでマネーの量を減らす。これがいまの流れである。世界のマネーが減るということは、すなわち株価が下がることを意味する。株価が下がるのが世界のマネーを減らすのに、もっとも効率的であるからだ。

以下は3月6日の日本経済新聞の記事の抜粋である。

……東京株式市場でPBR（株価純資産倍率）が1倍を下回る銘柄が急増している。「解散価値」とも呼ばれる1株当たり純資産を株価が下回る銘柄は、6日時点で東証1部の約56％に達した。PBR1倍割れは、不人気銘柄だけでなく、トヨタ自動車やNTTなど主力株にも広がっている……

すでに日本の株の多くのＰＢＲについては、もうこれ以上下がれないところまで来てしまった。

それではアメリカの株のＰＢＲはどうか。３・５倍あたりが多く、要するに解散価値の3倍以上となっており、非常に割高水準にある。ちなみにイギリスは１・８倍、ドイツは１・６倍程度におさまっている。

アメリカはこれで果たして良いのかどうか。なぜそんなに買われているかというと、これは明らかに量的金融緩和の仕業である。量的金融緩和を背景に野放図に株にマネーをつぎ込んで膨らましてきた。

それがいまようやく収縮過程に入ってきた。だからこれからは実体経済に見合うまでマネーの量が減る、要は株価が落ちる、と考えなければならない。

ＰＢＲ1倍以下の日本の現状はどうなのか。

安倍首相と黒田日銀、いわゆるアベクロが無理矢理、人工的に円安を作り出し、何とかしてデフレから脱却しようと画策した。

成功したように見えたときもあったけれど、いまそれが全部、逆回転し始めた。アベノミクスがもっとも邪悪なところは、為替相場をはなはだしく〝歪《ゆが》めて〟しまったことだ。

だから１ドル＝１１０円などという為替相場を、みんなが適正水準だと思い込むような馬鹿げたことがずっと起こっていた。

それがここへきて「やっぱりそれはおかしいね」ということで、だんだんこれから65円に向かって相場が動き始めている。65円まで行くということは株も下がるはずで、さらにデフレに拍車がかかる。世界デフレなのだから、日本だけ悠々としているわけにもいかない。

だから、いまのこの流れは簡単にはおさまらない。今回の暴落はメジャークラスで大底を打つまで３年はかかる、というふうに考えたほうが良いのではないか。

アメリカの銀行を悩ませる逆イールドカーブ

２月24日付で次ページの表をアップデートした。このときの10年物米国債の金利は１・３９７３％。それが３月10日に０・31％まで下がるというとんでもないことが起きていた。その後は０・７％とか０・８％ぐらいまで戻してきたが、たった２週間で１％以上の金利安となった。

３月３日、パウエルＦＲＢ議長が０・５％の臨時の金利引き下げを行った。続いてＦＲ

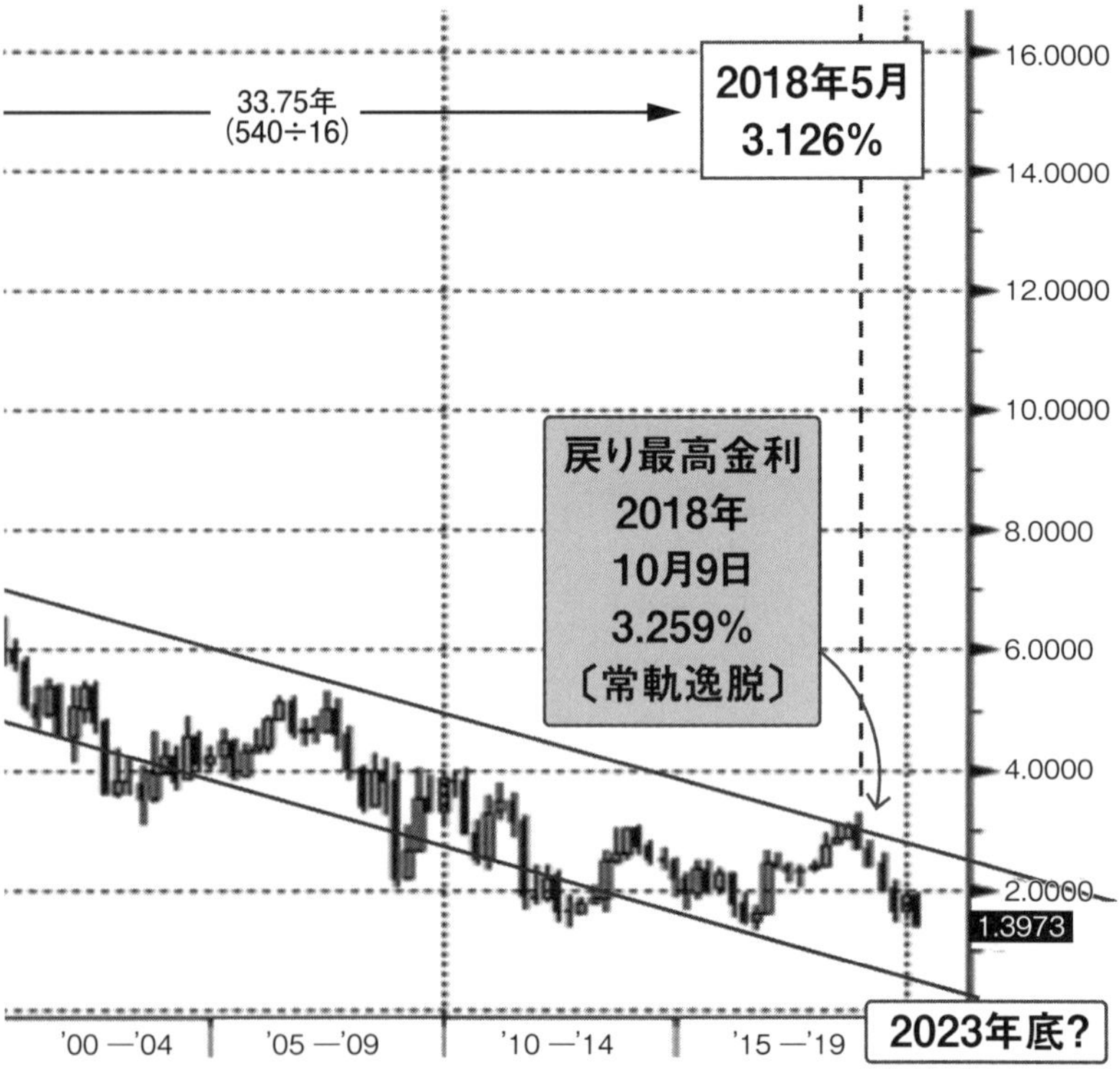
33.75年
(540÷16)
2018年5月
3.126%
戻り最高金利
2018年
10月9日
3.259%
〔常軌逸脱〕
16.0000
14.0000
12.0000
10.0000
8.0000
6.0000
4.0000
2.0000
1.3973
'00 —'04
'05 —'09
'10 —'14
'15 —'19
2023年底?

©2020/WFXA

米国10年債利回り四半期足（2020年2月24日現在）

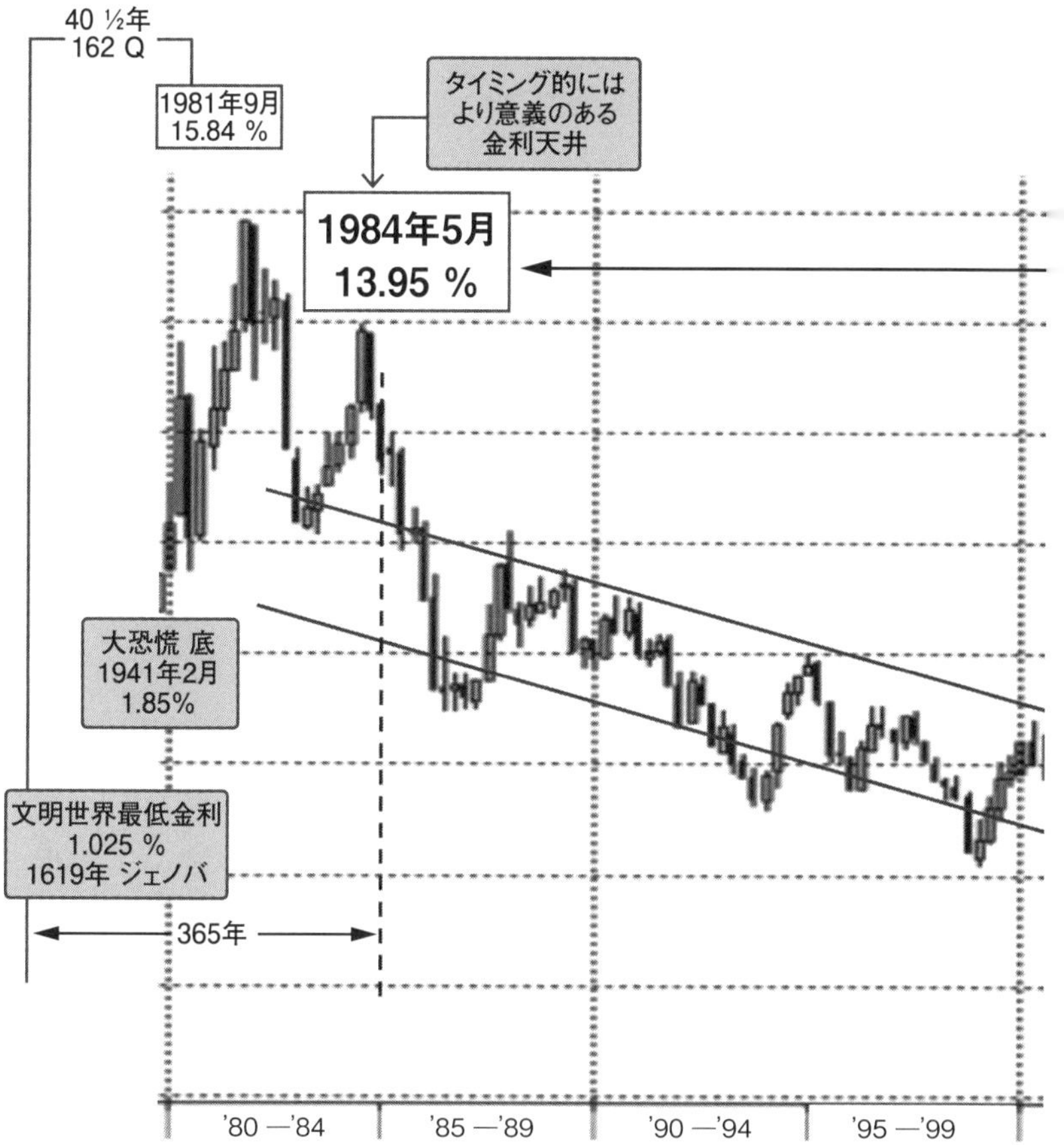

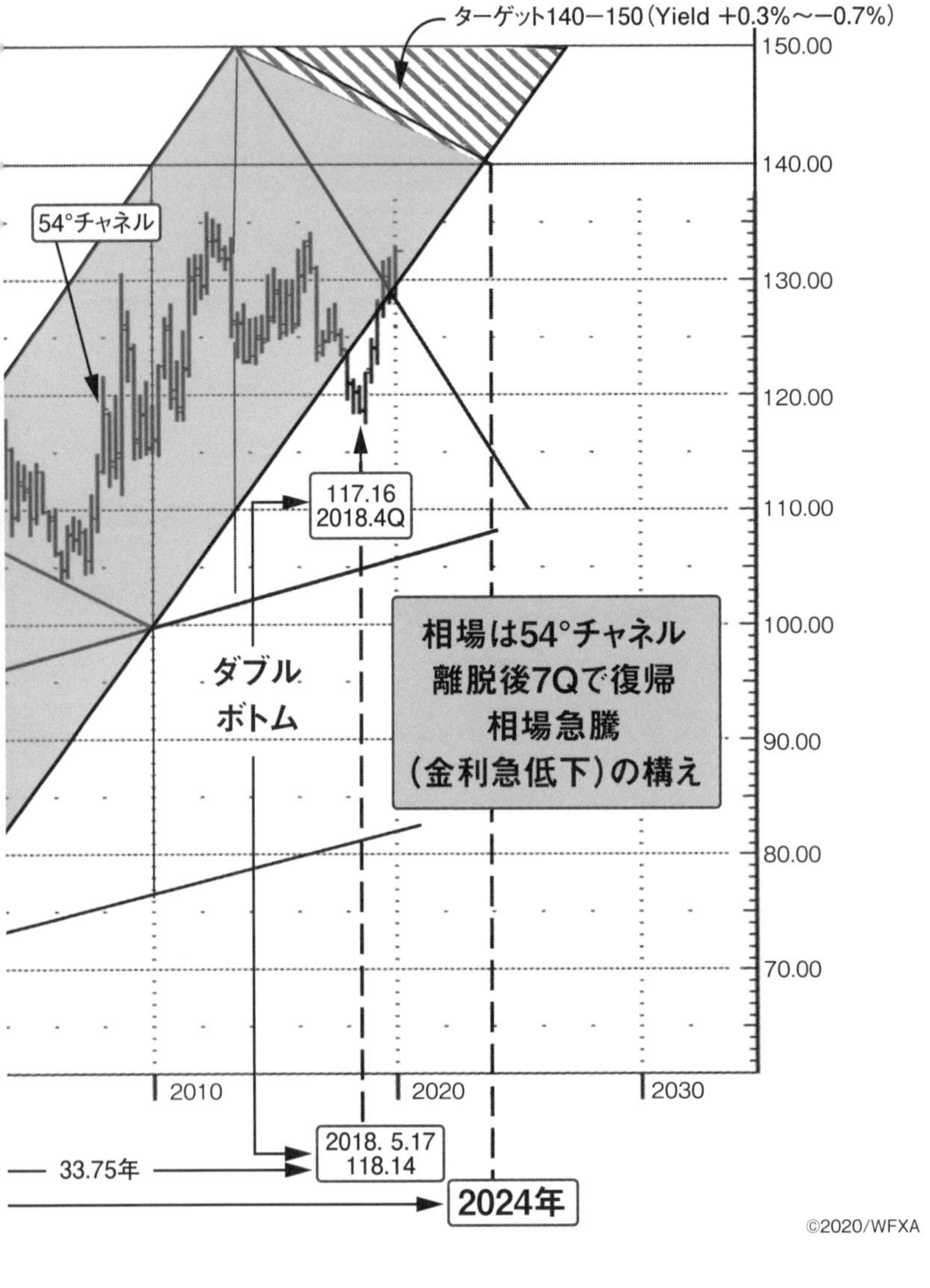

ターゲット140−150(Yield +0.3%〜−0.7%)
150.00
140.00
130.00
120.00
110.00
100.00
90.00
80.00
70.00
54°チャネル
117.16
2018.4Q
ダブル
ボトム
相場は54°チャネル
離脱後7Qで復帰
相場急騰
(金利急低下)の構え
2010
2020
2030
2018. 5.17
118.14
33.75年
2024年

©2020/WFXA

米国10年債先物四半期足（2020年2月24日現在）

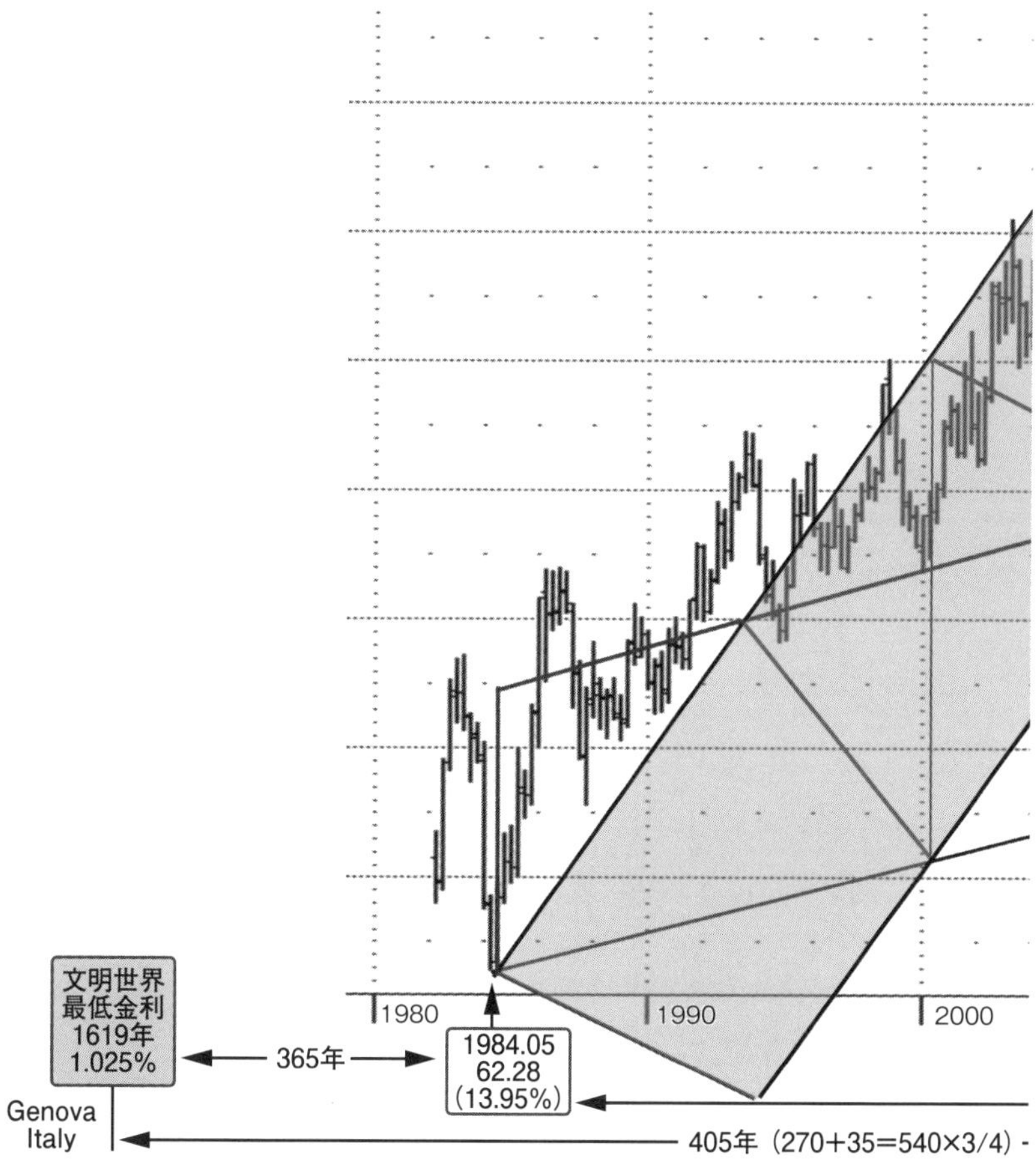

Bは臨時の連邦公開市場委員会（FOMC）を開催、政策金利のフェデラル・ファンド（FF）金利の誘導目標を、1・00～1・25％から0・00～0・25％に1・0％引き下げることを決定した。こうした異例の金利引き下げには、以下のような事情が横たわっていた。

3日の0・5％の臨時の金利引き下げにより、長期金利と短期金利が正常に戻る。ちゃんと短期のほうが安くて長期が高い順イールドカーブになるとFRBは見込んでいたのだ。ところが0・5％短期金利を下げたら、長期金利が1％も下がってしまい、逆イールドカーブを解消できなかったのだ。ちなみに10年物米国債の金利が1％を下回ったのは、先に紹介したシラー教授の研究によると、この150年間なかったとされる。したがって史上初の1％割れということになる。その後も1％割れは続き、4月半ばの時点の金利についても0・6％台を推移している。

金利が短期のほうが高くて長期のほうが低いという状態から抜け出られない逆イールドカーブで一番難儀するのは銀行だ。今回、長期金利が下がると、株式市場で銀行株が盛大に売られた。マーケットは、銀行のビジネスモデル自体が破壊されていると認識しているからである。

仕方がないから、また短期（金利）を下げると、また長期も一緒に下がる。こういうアホなことになってしまう。短期は0以上に下がれないことから、逆イールドを解消するのは大変である。

ではアメリカの銀行はどうやって儲けるのか。基本的に儲からないけれど、クレジットカード事業でしのいでいる。

クレジットカードの支払いのファイナンスを20％、25％の金利低所得層が買っているのだ。アメリカの低所得層の多くは、それで個人破産に追い込まれている。

そうやって銀行は20数％という暴利を個人の貧乏人から絞りとって、ビジネスモデルが歪んでいるにもかかわらず利益を上げている。それがアメリカの銀行の実相だから、極めて無理があると思う。

アメリカの景気が悪くなってくると、25％の金利をとっている人たちが自己破産していく。そのうち銀行のクレジットカード事業部門のバランスシートが傷んでいくはずである。

次ページの「バブル破裂図」でいま一度大恐慌を振り返ってみると、59四半期かけて1914年の53ドルから386ドルまで上がった。これが69四半期だと最高に良かったのだけれど、実際には59四半期で天井をつけた。その後12四半期落ちた。1914年から71四半期目が大底になった。

本当に一番きれいなのはダブルペンタゴンで、起点から69四半期上げをやって天井を付

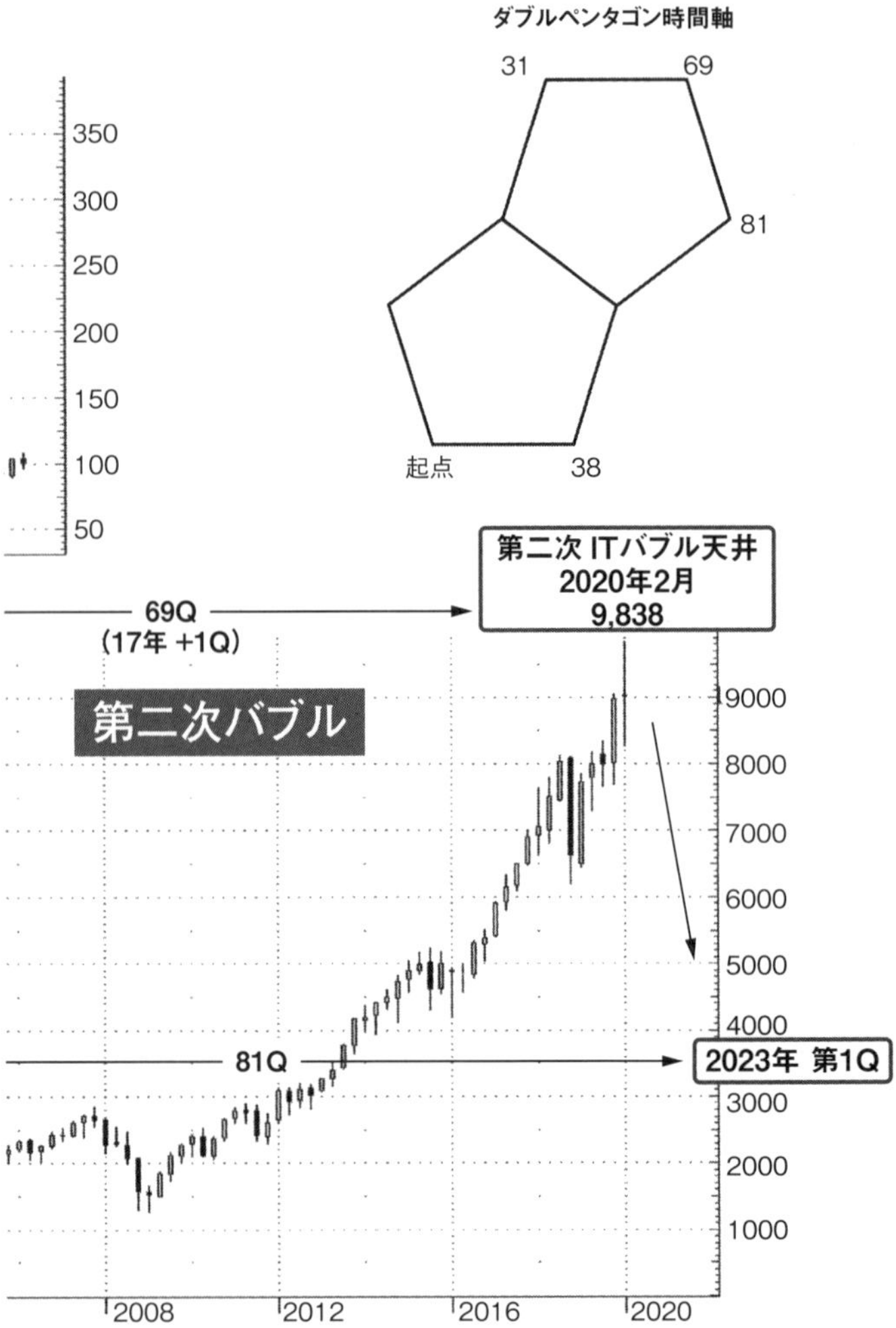
ダブルペンタゴン時間軸
31
69
81
起点
38
350
300
250
200
150
100
50
第二次 ITバブル天井
2020年2月
9,838
69Q
（17年 +1Q）
第二次バブル
9000
8000
7000
6000
5000
4000
81Q
2023年 第1Q
3000
2000
1000
2008
2012
2016
2020

バブル破裂図

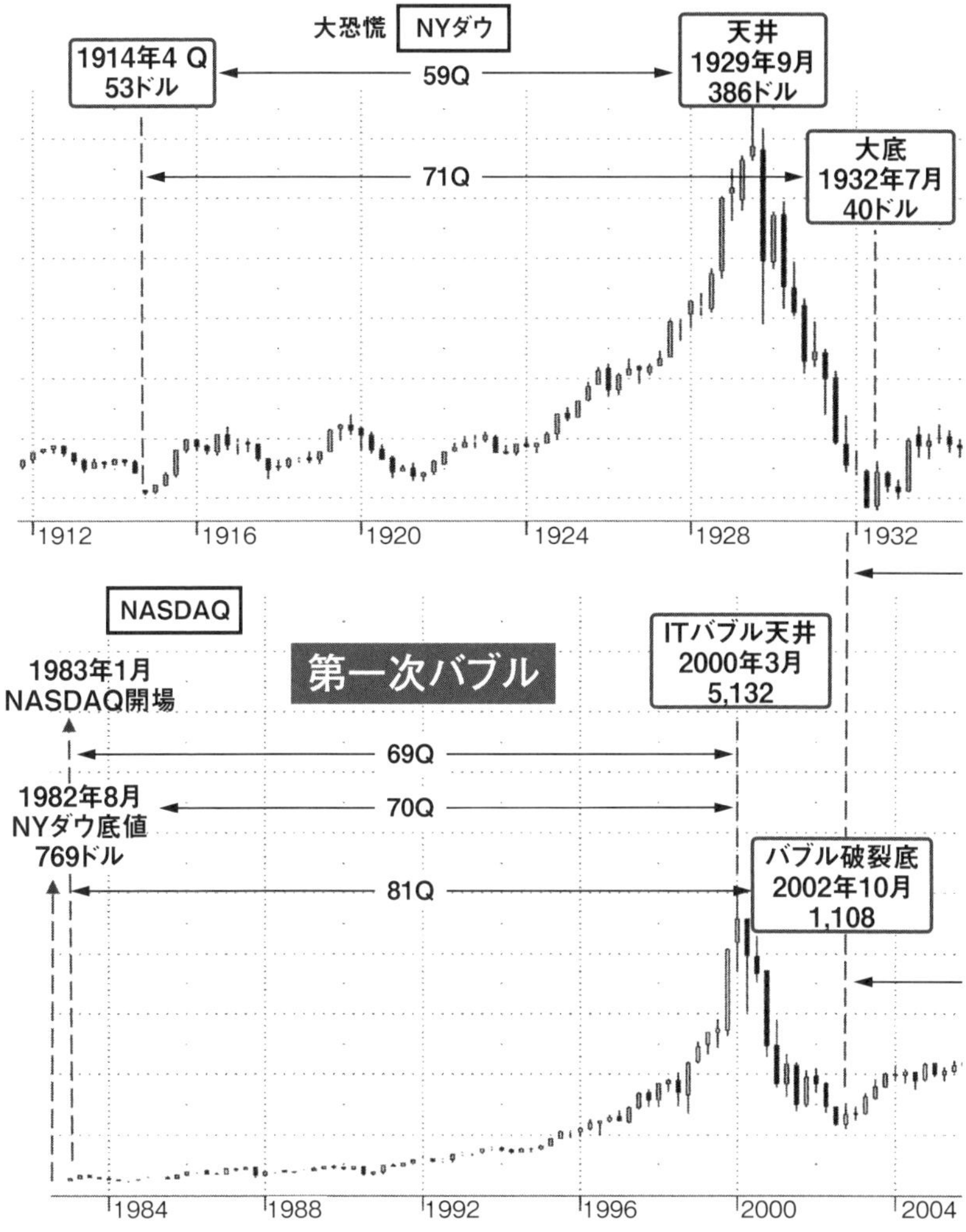
大恐慌
NYダウ
1914年4Q
53ドル
59Q
天井
1929年9月
386ドル
71Q
大底
1932年7月
40ドル
1912
1916
1920
1924
1928
1932
NASDAQ
第一次バブル
1983年1月
NASDAQ開場
ITバブル天井
2000年3月
5,132
69Q
1982年8月
NYダウ底値
769ドル
70Q
81Q
バブル破裂底
2002年10月
1,108
1984
1988
1992
1996
2000
2004

け下落に転じ81四半期に底をつける形であった。

その意味できれいだったのは、NASDAQの第一バブルといえる。1982年8月、NYダウは769ドルで底値を打ち、ここから相場が始まった。

一方、NASDAQは83年1月に開場し、69四半期上げて、ITバブルの天井だった2000年3月、5132まで行った。起点からここまでの日柄、時間軸すなわち69四半期上げ続けてきた。天井を見た相場はその後81四半期目まで12四半期の下落を見て2002年10月に底を付けた。

今年の2月12日にNYダウが、2月19日にNASDAQが天井をつけた。2002年10月にNASDAQが底値をつけてからちょうど69四半期目に第二次バブル天井を打った。チャートはNASDAQがこれから81四半期目まで落ちることを示唆している。

12四半期とは丸3年だ。つまり、2020年2月に9838で天井を打ったNASDAQは2023年の初めまで下がり続けるわけである。22年の後半ないしは23年の初めぐらいに向けて株価は暴落するのではないか。

どこまで落ちるのかは不明だけれど、暴落の歴史を振り返ると、やはり天井の4割、あるいは5割といった数字なのであろう。だから、今回の天井が9838だったから5000あたりか。後で述べるつもりだが、NYダウに関しては1万4000ドル程度まで落ちると考えている。

23年には50％以上の下落をみるNYダウ

今次ブルマーケットの基点は、次ページのように1982年8月の769ドルであった。ここからダブルペンタゴンを上げる。そうするとここが37・5年目の天井に当たる。これはもともと大恐慌からの59単位2万9540ドル。ここから上げたこの54度チャネル、この頂点が2万9050ドル。

この54度が当たると大抵天井で、2万9050ドルでおおむね天井を規定したはずだ。それが今年2月12日に2万9568ドルまでやった。500ドルぐらいオーバーシュートして天井を打った。

そして落ち始めた。3月23日の1万8213ドルがいままでの安値である。38・4％の下落である。

この54度チャネルの天井までやったので、ルールにしたがって54度チャネルの一番下までやるはずである。これを2023年という日柄で置き換えると、1万4823ドル。ここに54度線が位置することから、いちおう下げの目途となる。

NYダウ年足（2020年2月24日現在）

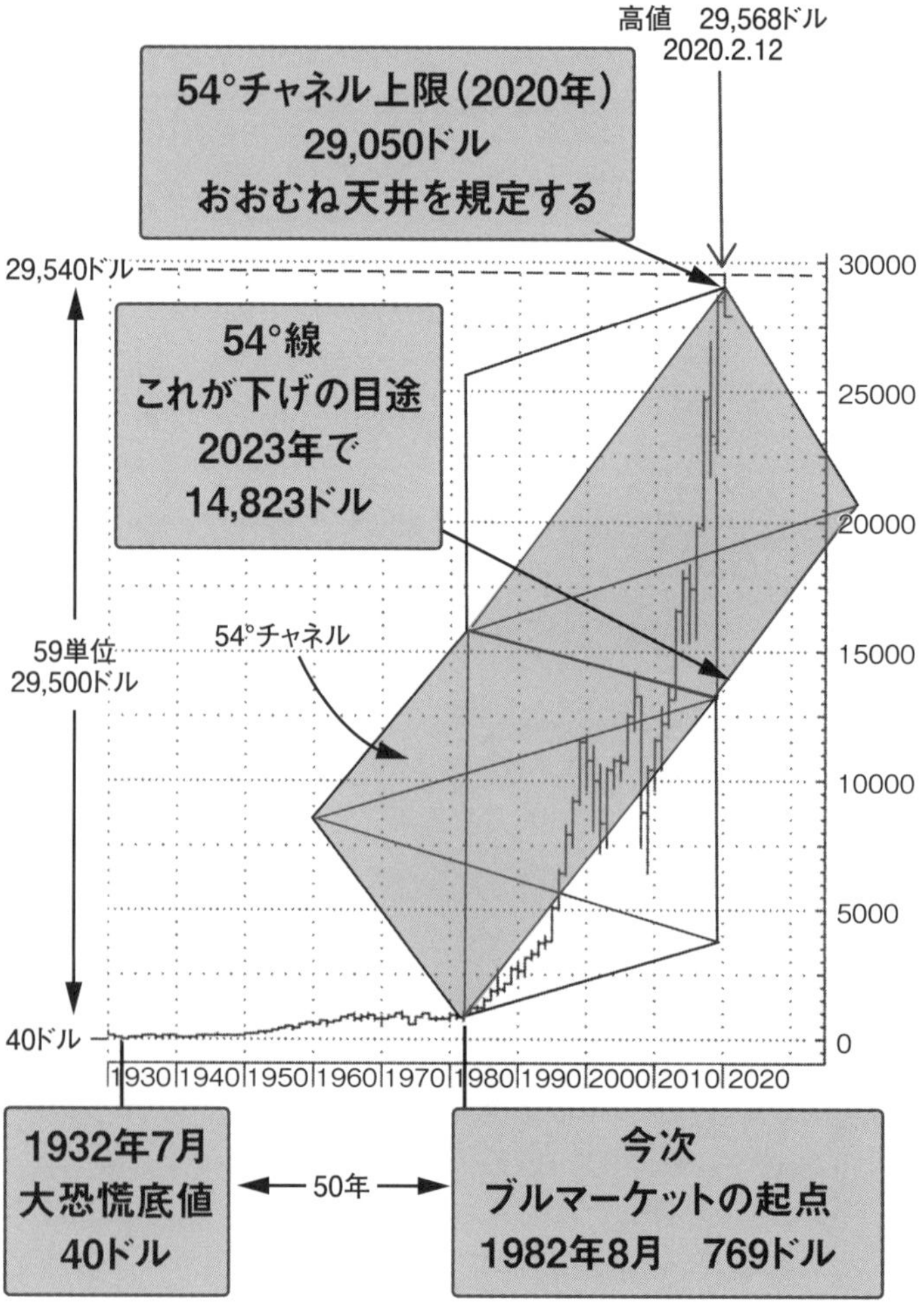

©2020/WFXA

ただしこれは年足だから、1000ドルや2000ドル、さらにオーバーシュートすることは十分ある。

天井にしても500ドルをオーバーシュートしているわけで、下げるときは特に激しさを増す。1万4800ドルが1万3500ドルあたりまで落ちても不思議ではない。

すると、天井の2万9000ドル台から50％以上の下落になる。それよりさらに落ちて1万3000ドルという感じだろうか。まさに恐慌の底にふさわしい破壊力である。

天井から7割の大暴落となるNASDAQ

NASDAQは1984年7月に最安値223・9、これに9550ポイントを足して9773・9ドルあたりで天井を打つはずであった。実際のマーケットはそれを若干オーバーして9838まで登った。

結論から申し上げると、NASDAQはGAFA神話が消える2023年にはあらゆるサポートが消えて、3000と4000の間まで落ちる。要は、天井から7割の大暴落する運命にある。

いまは新型コロナウィルス騒動で世界中がてんやわんやになっているとはいえ、時がす

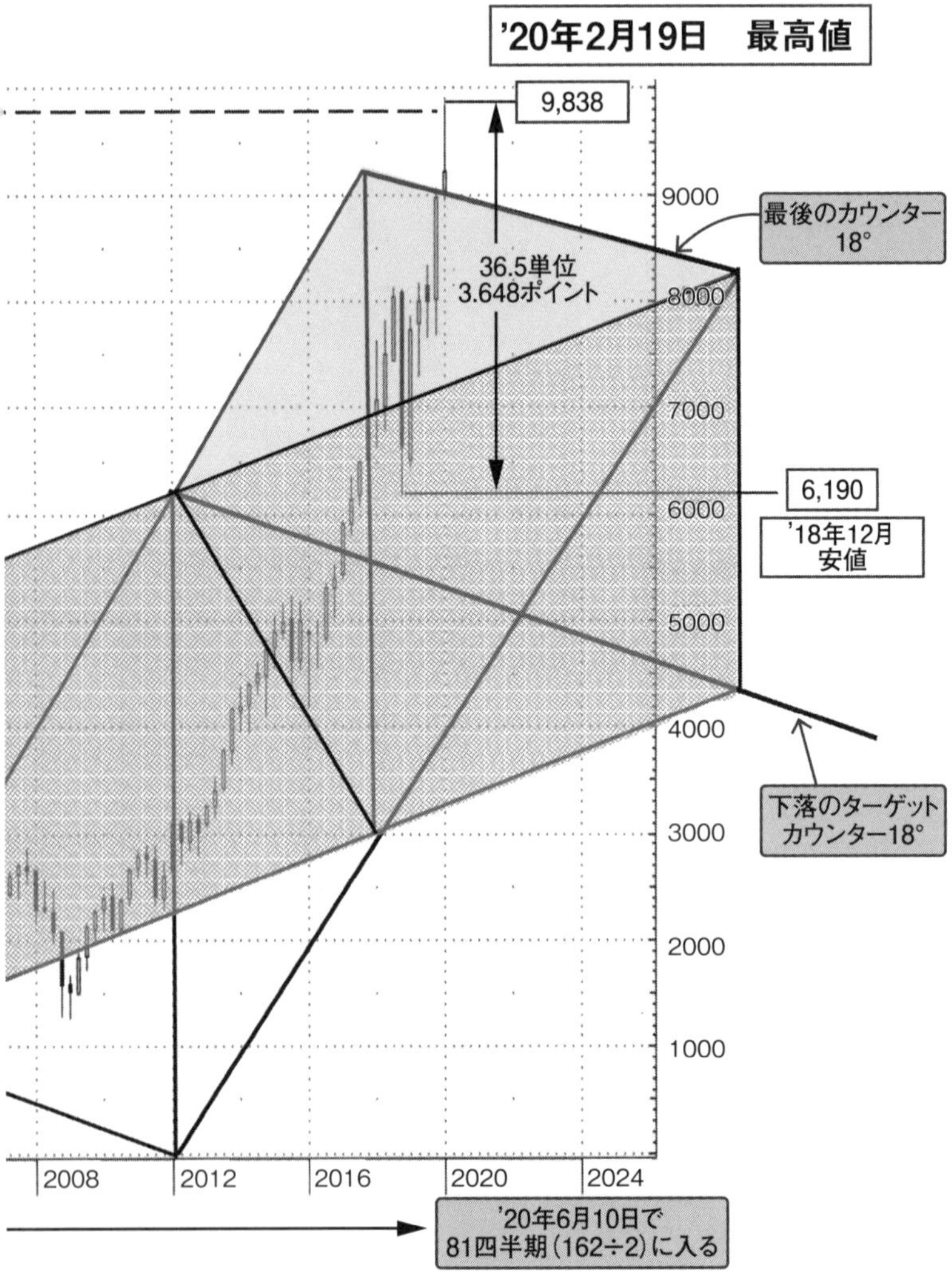
'20年2月19日　最高値
9,838
9000
最後のカウンター
18°
36.5単位
3.648ポイント
8000
7000
6,190
6000
'18年12月
安値
5000
4000
下落のターゲット
カウンター18°
3000
2000
1000
2008
2012
2016
2020
2024
'20年6月10日で
81四半期（162÷2）に入る

NASDAQ四半期足（2020年2月24日現在）

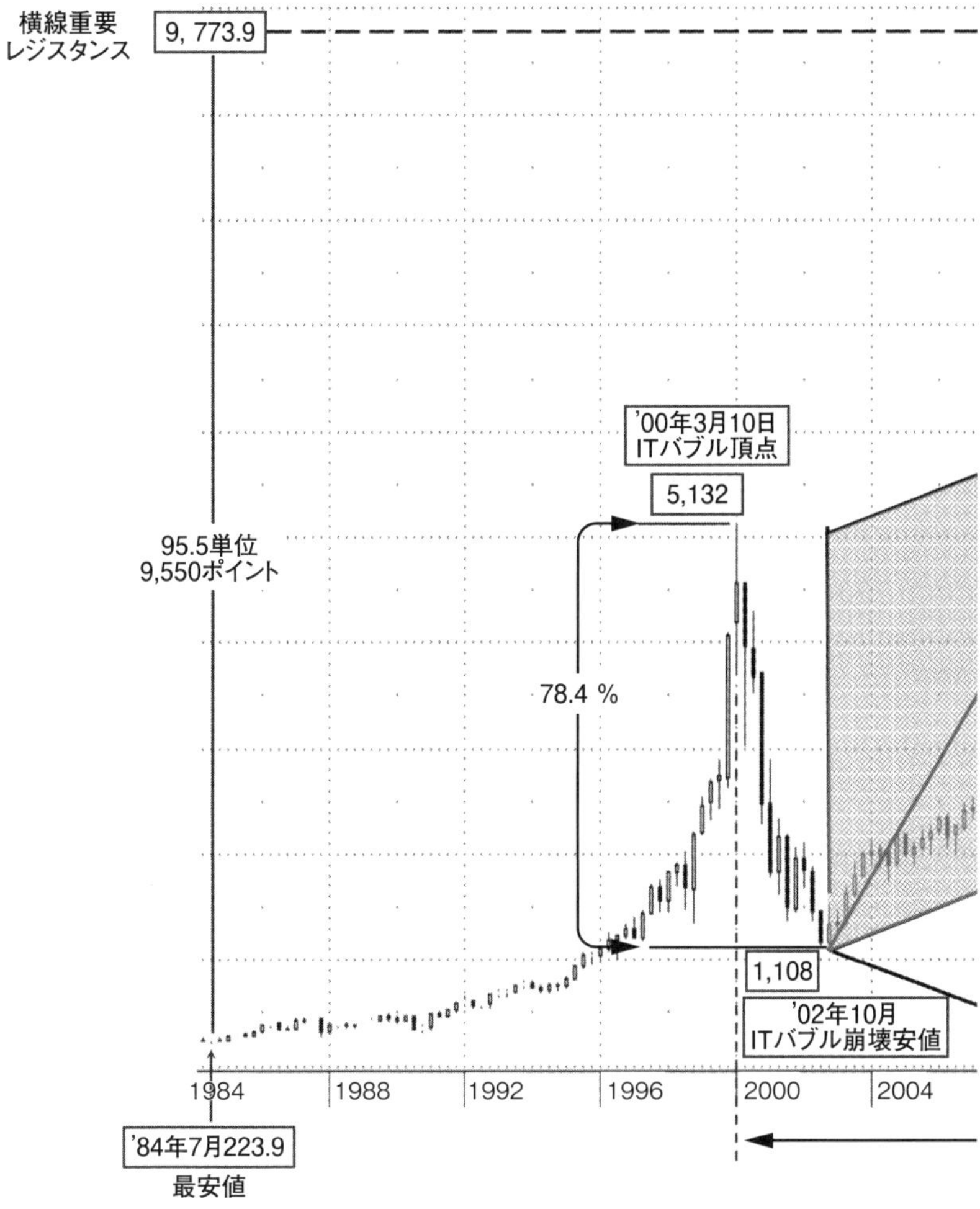

ぎればいずれは下火になる。下火になったら相場は戻る。戻るのだが、それがどこまで戻るかという時間帯の話をしよう。

今度は2000年3月10日のITバブル頂点からの81四半期目が大事なポイントになってくる。162の半分で81四半期目というのは、20年が80四半期だから、20年と1四半期。そのタイミングが重要である。

つまり、2020年6月10日で81四半期目に入る。先にふれたとおり、4月半ばあたりまでに8600台まで戻してきたけど、戻ったところで今度は6月10日以降には81四半期目に入ってくるから、ここからまた暴落が始まるわけである。

さらに日柄からいうと、6月10日から9月10日までの間に戻り天井をやって、それから落ちることになりそうだ。

私は戻りの最高は7月あたりだと見ているのだが、一生懸命戻ってから落ちる。あるいは、2月19日が相場の天井だったから、31週間をやると9月なので、9月ぐらいまでは戻る可能性もある。

9月15日はちょうど2008年9月15日に起きたリーマン・ショックの12年目にあたる。これは12年でなく、11年11カ月。大事な日柄は長月でいくから、9月15日の1カ月前の8月25日。この辺が日柄としてはすごくいいので、この辺りまでの戻りはグッドゲス（いい読み）だろう。

そこから来年の3月ぐらいまでドコドコ落ちる。なぜ来年の3月かというと、２００９年の3月がリーマン・ショック後のボトムであったからだ。

これを11年11カ月でやると来年の2月になる。１カ月、２カ月のブレはあるかもしれないが、来年3月あたりに向けていまの株価、ドル円については第一次の大きな下げがある。次に２０２１年の真ん中から２０２２年に向けて戻ってゆき、そこから２０２３年の年央に向けて、最後の地獄を見に来るような展開になると考えている。

恐慌は三部構成で襲ってくる

ＦＲＢは3月12日、短期金融市場に2日間で1兆５０００億ドル（約１５８兆円）規模の追加の資金供給を実施した。それまで短期債に限っていた米国債の買い入れも対象を拡大した。

これらの措置は事実上の量的緩和政策の再開であるが、あまり効果はないだろう。市場からマネーが消えていくのが神意なのだから、それに逆らう施策は蟷螂《とうろう》の斧《おの》になるだけだ。

日銀もＦＲＢに続き、金融緩和策を決定した。施策は大づかみに3つ。1つ目はＦＲＢ

やECBなどと協調してドル資金供給を実施すること。2つ目は企業金融支援で、ゼロ金利での民間金融機関への貸し出し、および社債やコマーシャルペーパーの買い入れ。3つ目はETF（上場投資信託）の買い入れ額の倍増。これまで保有残高が毎年6兆円増のペースであったのを、12兆円を上限に買い入れることになった。

資本主義の世界は最終的にはキャピタルを多く持っている者が勝つわけだから、日銀が無制限にカネを印刷できるならば、理論的には日銀は勝てるのだろう。

だが中央銀行である日銀は、自らのステイタスを貶《おとし》めまくっている。世界の中央銀行の禁忌を犯し自国企業の株式を買い支えて、多くの上場企業の大株主におさまっている。ETFへの投資だけで、すでに約30兆円にのぼる。

仮に日銀が保有するETFを評価したらどうなるのか。ETFの損益分岐点は1万9500円であるから、1万6000円台に入ってきた3月時点のレベルだと、完全に損益分岐点を割っている。元本割れしている。

それでは日銀は引き当てを積むのかということになるし、これからさまざまな場面で、日銀は中央銀行としてあるまじき手立てを講じなければならなくなってしまう。このままおかしなことを続けていると、やがて日本の通貨の信認が揺らぐことになる。

たとえば中国の中央銀行にあたる人民銀行は隠蔽に次ぐ隠蔽で、外貨準備高をはじめ何が本当なのか誰にもわからないようなことになってしまっている。結局、そういう世界に日銀は自ら足を踏み入れてしまった。

さらに都合が悪いのは、日銀が30兆円も入れている日本株の本当の価格の居所が、投資家にわかりにくいことだろう。粉飾されている株を好んで買う投資家はいない。

良かれと思ってやっている施策が、まったく逆の目に出るというのはよくあることだ。政策当局の介入は間違いなのである。

今回の恐慌に話を戻すと、3年かけて大底を目指すという展開となるだろう。やはり相場だから、一直線に行くはずもない。

イメージで申し上げると、3・11東日本大震災みたいなものであろう。最初に揺れたあと、やれやれもう終わりそうだなと思っていたら、新しい揺れに見舞われる。2回目の地震もだんだんと緩やかになってきて、終わったかなと思ったとたん、第3発目の揺れに襲われる。三部構成の大地震。そんな感じで相場は下がっていく。

日本のマスコミも含めて、相場を報道している人たちは本当にわかっていない。嘆かわしいかぎりである。

株価暴落第2波の呼び水となるイタリアのユーロ離脱

基本的にはＦＲＢも日銀もＥＣＢも打つ手なしで、世界経済はブラックホールに吸い込まれるような状況に陥る。具体的には金利をいくら下げても、景気はまったく改善しないということだ。デフレにどっぷりと浸かってしまう。

ＦＲＢも今回、虎の子の金利を１・５％も下げてしまったせいで、利下げの余地はなくなった。日本も欧州もすでにマイナス金利だから、もはや財政出動しかない。

ただしユーロ加盟国は個別には財政出動はできない。それに関連して、私はイタリアのユーロ離脱は必然だと考えている。たとえばイタリアがユーロを離脱するという事件が起きたとき、世界の株式市場にどういう影響を与えるのだろうか。私は株価暴落第２波のきっかけになるかもしれないと思っている。

もともとユーロはシステム的に無理なつくりになっている。私などは最初からそれを指摘していた一人である。人類の文明史上、域内の統一通貨の流通は過去に成功した例はないからである。

ユーロがスタートした頃はみんなユーホリック（楽天的）で、ユーロ導入はよかった、成功したと理由もなく喜んでいた。けれども、ちょっと考えればわかるような当たり前の不都合のことが、長い目で見れば起こるわけである。

これはアメリカのゼロ金利もそうだし、ユーロの問題もそうだし、ドル円の円高もそうだ。当たり前のことが当たり前のように起きているだけのことなのに、みんな目の前でその現実を見ないと、信用しない人たちがたくさんいるわけである。

ところで、今回のアメリカ株式の大暴落により約10兆ドルのマネーが市場から消えた。アメリカの馬鹿げた時価総額経済の崩壊の始まりである。

バランスシートからこれだけのマネーが一気に消えると、それだけ経済のレバレッジが高くなる。それを正常化するためにキャッシュ（現金）が必要になる。それで取りあえずキャッシュであるドルが急騰した。

だが、キャッシュは必ずしもドルでなくてもいいので、為替市場でドルが急騰するのは、あくまでも一時的なものにすぎない。アメリカ経済のデフレ化でドルは減価し、今後は円、ユーロがキャッシュになり急騰するはずだ。

次章で詳しく論じるつもりだが、基本的に今後3年間はドル全面安が進行し、ドル円は65円までドル安に極まっていく。ドルユーロについても1・4〜1・5程度までユーロ高になっていく。

バブルをやりすぎたことについては、アメリカは罪滅ぼしで10年くらいは呻吟《しんぎん》すればいい。またそこから新しいものを生み出してくるだけの力を持っている。世界でダントツのソフトパワーがアメリカを立ち直らせるはずだから、それほど悪い国にはならないのではないか。

私の大嫌いなファンダメンタルズ面からしても、アメリカは最高の人口動態を備えている。どの先進国よりも人口動態のバランスに優れている。中国も日本も欧州もみな高齢社会で難儀するのが目に見えている。

アダとなった経済弱小国には低すぎたユーロの金利水準

先にイタリアのユーロ離脱は必至だと申し上げたが、やはりそれは起こるべくして起こることだと言うしかない。

私はユーロ発足時から、書籍や講演を通じて「いずれ破綻する」といく度となく申し上げてきた。経済規模や本来備えている国柄の異なる国々が共通の金融・通貨政策の下、同一通貨を使う。にもかかわらず、財政は各国独自に運営する。どう考えてもうまくいくわけがないではないか。

ユーロにおいて金融と財政が分離していることがなぜ問題なのか？　整理してみよう。

かつてはギリシャ、今回はイタリアという相対的に経済力の弱い国は、どうして財政危機に至るまで借金を増やしてしまったのか？　単一通貨ユーロを導入した国々は、政治統合なしに以前と同様、主権国家として自国の財政を運営してきた。経済強国が経済の弱い国に対して再分配政策を敷くなどの按配がなされないまま、ユーロは離陸した。

金利に関して何の調整もなく、同じ条件を持つとされた。これが決定的な歪みを生じさせたわけである。

本来であれば、国際金融市場においては、ドイツやフランスなどのユーロ中心国と、ギリシャ、ポルトガルなどの相対的に経済力の弱い国とでは、「異なった金利」が適用されるのが常識である。というか、そうあるべきなのだ。

たとえば、いま中国がアジアや中近東、アフリカなどで進めている一帯一路プロジェクトのファイナンスを引き受けているＡＩＩＢ（アジアインフラ投資銀行）は国際金融市場でかなり苦戦している。なぜかというと、ＡＩＩＢの株主が国際金融市場で実績も信用も乏しい中国なので、調達金利が非常に高いからである。

ＡＩＩＢ、あるいは先輩の日本が中心となってアジア諸国に融資を行っているＡＤＢ（アジア開発銀行）などの国際金融機関が融資をする場合の原資については、国際金融市場から調達してくる。その際の金利は原則、国際金融機関の株主の信用度で決められる。ADBなら日本とアメリカ。この両国が国際金融市場で調達する金利と、実積が貸し出し金利に反映される。

結局、チャイナプレミアムで調達しなければならないAIIBは、一帯一路プロジェクトを行っている途上国に高い金利で融資せざるを得ないという悪循環に陥っている。中国が、返済が滞ったカタに融資国の港湾などの運営権を獲得している裏側には、そんな事情が横たわっているようだ。

ユーロの話に戻ろう。ユーロが発足すると、加盟国にはすべて同じ金利が適用されることになった。決められた金利水準は、ドイツやフランスなど欧州の大国には適正だったけれど、ギリシャなど経済力の弱い国には低すぎた。

実際、ユーロ発足の1999年以降、国際金融界で流行ったのは『グレイト・コンバージョン・トレード』でユーロ加盟国の金利の高い国債を買い、金利の低い国債を売ることにより長期金利が加盟国の間でパリティ（同等）に近づくことに賭けるトレードである。これはユーロ各国の長期金利がサヤ寄せする効果、とくにクレディットの良くない国（ギリシャ、イタリアなど）の国債が大きく買われ、実力以上の低金利のファイナンスを可能にした。

そうなると何が起きるか？　実力以上の低い金利で資金調達ができることはすなわち、借り得ということになる。どんどん借りてしまうから、身の丈に合わない過剰なお金が流れ込んできた。その結果発生したのが、ギリシャによる国債の大量発行によるばら撒き政策であり、スペインやアイルランドなどで起きたバブル経済であった。

そして2020年になるとイタリアの国債発行残高が過去最高額に達して、財政規律違反が問われるまでになっている。ＥＣＢ（欧州中央銀行）による大規模な国債購入もあり、イタリアの10年物国債利回りはコロナ危機の前は1％を下回っていた。それがここにきて急速に上昇圧力が高まっており、ポピュリスト政権誕生で財政規律違反が不安視されたことから、2018年以来の3％台乗せが間近に迫った。

だが、財政面でのユーロ加盟国の一体的な取り組みには、財政規律を重視するドイツを筆頭に北部諸国が相変わらず難色を示している。しかしさすがに、今回のコロナウィルス問題での景気後退に対し、ＥＵは5400億ユーロの資金を拠出すると決めている。

それでもイタリアが望んでいるコロナ・ボンドの発行（ユーロ圏の債務を共通にする共同債券――南欧の借金を財政面で余裕のある北部欧州が肩代わりする面がある）は否定されている。

これだからドイツはいつまで経っても、帝国の盟主大国にはなれないと思う次第である。

世界はデフレにすっぽりと包まれてしまった

2009年に発生したギリシャ危機の際、ギリシャの財政再建のために自分たちが納めた税金を投入することに、ドイツ国民が猛反発したことを覚えているだろうか。なぜギリギリスのようにだらしのない生活に明け暮れてきたギリシャ人のために、額に汗して真面目に働くわれわれの税金が使われなくてはいけないのかと、ドイツの人たちは怒りをあらわにした。

まず指摘しておきたいのは、ドイツの人たちは少々勘違いをしていることだ。ドイツの銀行もギリシャの国債を大量に抱え込んでおり、結果的にギリシャに放漫な国家財政を許してきた責任がある。だから、ギリシャの財政破綻によりどこより困るのは、ドイツの銀行であることを彼らは忘れてしまっていた。

今回はイタリアが俎上《そじょう》に上がっているが、今後もイタリアやかつてのギリシャのような問題はたびたび起きるということだ。

私見では、ユーロ危機の解決策はたった一つ、ユーロ参加国の「政治統合」以外にない。

18世紀末に建国されたアメリカの例を想起してほしい。アメリカはドルという共通通貨を持つと同時に、連邦政府を樹立、連邦予算を組んだからこそ、国家として存続できたのではなかったか。

しかし、そもそも現在の世界を見ると、アメリカのモンロー主義（孤立主義）、イギリスのEU脱退、ソビエト・ロシア帝国の解体など、国家は大を目指すのではなく小を目指す動きが顕著である。そうしたなかであえてEUが財政も含めた政治統合を目指すことのウィズダム（分別）を問う必要があるだろう。

あえてヨーロッパが政治統合を目指すならば、乗り越えなければならないとてつもなく高い壁がある。

それは、ユーロの中心であり、最大の経済強国であるドイツの納税者の激しい反発だ。彼らは間違いなく、彼らの目からすれば二流国としか映らない南欧のモラルなき国々との政治統合など認めないであろう。

共通通貨ユーロの導入において、ヨーロッパが目指したのは、アメリカに対抗し得るヨーロッパ帝国を築くことだったはずだ。そして、ドイツは帝国の盟主たらんと欲した。ドイツがその盟主を名乗るのであれば、域内のモラルハザードなどにいちいち目くじらを立てるなと言いたい。悠揚《ゆうよう》迫らざる態度で各国の財政再建に手を差し伸べる、それが盟主としてあるべき姿ではないか。

けれども、２００９年のギリシャに対する態度、２０２０年のイタリアに対するドイツの態度は、いかにこの2国がいざ財政危機になると借金は返せないと開き直る二級国家とはいえ、脅迫まがいの態度で財政健全化を迫るばかりで、その度量の狭さにあきれてしまう。

私は、その狭量の背後にドイツの戦後教育の在り方に問題があったのではないかと考えている。ドイツは先の大戦でヨーロッパ各国に多大なる損害を与えた。そのすべての罪をナチスという一つの政党に被せ、ドイツ国民もまたナチスの被害者であったと位置付けてしまう、お手盛りな歴史教育がなされた結果が背景にあると考えられる。

ナチスを熱狂的に支持し、彼らを政権に押し上げ、彼らの暴走を許したのは誰か？　ほかならぬドイツ国民であったのではないか。それを自覚するならば、ドイツ国民が簡単に免責されるはずはない。

以上はあくまでも私見であるが、これ以上突っ込むと生命の危機に至る可能性もあるので、今回はこのへんで筆を擱《お》く。ただ、いまのイタリア問題に対するドイツの態度を見るかぎり、ユーロ諸国の政治統合など妄想でしかない。

ユーロはさまざまな矛盾をはらんだまま、とにかく進むしかないが、その先に待っているのはユーロ解体だと思わざるを得ない。

それでもドイツが監視の眼を光らせている間は、ユーロ各国は財政赤字削減に取り組むしかない。つまり、すでに入ったデフレ経済を歩むしかない。日本、ヨーロッパ、アメリカの順で世界はデフレ経済にすっぽりと包まれてしまった。それが現況である。

相場を決める要素は値頃、日柄、人気の3つ

今回の株の大暴落、当然これに伴って起こる景気の後退、信用不安、こういうものが今年の11月までにどれだけトランプを傷つけるか。もうすでに彼は相当パニックしている。10万人近い死者を出したコロナウィルスに関しては深刻ではあるとはいえ、いずれは時間の問題で、だんだん下火になってくる。

だが相場の下げは止まらない。相場が下がりすぎたものだから、戻ると思っているとなかなか戻らない、戻り切らないで次の第2波がやってくる、というのがバブル破裂の常である。だから、私はまずは第1回目の天井はみたと思う。

相場の天井は経済学とはまったく〝無関係〟の世界で決まる。

値頃、日柄、人気が天井を決めるのである。

まず値頃とは何か。一般的には横線レジスタンス。あるいは54度線、54度チャネルが天底を規定するもの。

私は昨年12月の講演会でアメリカ株暴落のシナリオを示した。NYダウについては、もういまからすぐ下がる。あるいはいまからずっと上がり続けて2万9540ドルまで上げてから暴落するというものだった。時期的には今年の6月くらいと思っていたけれど、実際には2月12日に2万9568ドル、私の読みと28ドルしかちがわないところで、天井を打った。

これは何かというと、大恐慌底値40ドルに59単位2万9500ドルというペンタゴンの長さを加えたもので、これがターゲットになったわけである。

ちょっと話が飛ぶが、私がかねがね申し上げているドル円が65円になる理由も295という数字にある。

360円から59単位の295円を減じると、そうするとこれが65円。つまりドル・円という一つの相場が終わるためには、この295円という数字が達成されないと相場は終わらない。これまでは75円が円の最高値だったけれど、これを360円からやると相場は285円走ったことになる。だが、相場の世界で天底を規定するのに285という数字は、黄金分割のルールでは相応しくないので295になる。そうすると、360円から始まって295円を引くと65円となるわけで、円高のピークをつけるのは65円なのがわかる。

余談になるが、実はこれは最初から295円で決まっていたわけではなく、同じ方法論で導ける238円75銭を360円から減じた121円25銭近辺が円の最高値というのもありえたのである。その場合はペンタゴンの高さをダブルペンタゴン（横）の95・5単位に置き換えると955÷4＝238・75となり、この数字を360円から減じると121円25銭となる。実際1985年のプラザ合意後の大円高は、1987年末から1988年末の間月足で4度121円台で底を付けることをやっている。しかも、その後1990年の160円まで相場は戻している。

したがって121円25銭が1992年に120円を切るまで円の天井であった。しかしその後、さらなる円高で120円台も切り100円も切ることになると、次の黄金分割ダブルペンタゴン（縦）118単位から導く295円が大事なポイントである。よって65円が次の大事な数字で、285円という中途半端な距離を走った75円は円の天井たりえないというのが私の信念である。

今年2月にNYダウが天井をつけた2万9500ドルもまったく同じことである。だから、若干の端数はあっても、相場というものは基本的にすべて黄金分割で律されているわけである。

ＳＰ５００。これは２０００年のＩＴバブル天井の１５５２に36・5単位の１８２５を加えると３３７７。現実には2月19日に３３９３までやって天井をつけた。

ＮＡＳＤＡＱもきれいだった。ＮＡＳＤＡＱの最安値は１９８４年2月の２２４にダブルペンタゴンの高さ95・5単位９５５０を加えた９７７４で天井を迎えると読んでいた。現実には９８３８（2月19日）までオーバーシュートした。

以上３大インデックスのいずれも横線天井、ＮＹダウに至っては54度チャネル上限にも接触している。したがって、今回はＮＹダウ、ＳＰ５００、ＮＡＳＤＡＱの３つとも値頃はビューティフルだったということになる。

次は日柄。日柄で一番きれいだったのは２００２年10月10日、つまりＩＴバブルの破裂底値となった日。ＮＹダウは７１９７ドル、ＮＡＳＤＡＱは１１０８。これは大恐慌前高値１９２９年9月の３８６ドルからの36・5単位73年目の大日柄。ここから69四半期（17年＋１四半期）の時間帯は２０２０年1月10日から70四半期目は4月10日。ＮＹダウが天井をつけたのは2月12日で、ＮＡＳＤＡＱは2月19日、完全にこの時間帯に入っている。

日柄について面白いのは、オランダで発生した世界初のバブル「チューリップ・バブル」

米国株式大天井

1. 値頃　一般的に横線レジスタンス。あるいは54°線、54°チャネルが天底を規定する。

NYダウ　大恐慌底値40ドルに59単位29,500ドルを加えた29,540ドル（現実には29,568ドルー2/12）で天井。

SP500　ITバブル天井1,552に36.5単位1,825を加えた3,377（現実には3,393－2/19）で天井

NASDAQ　1984年7月最安値224にダブルペンタゴン高さ95.5単位9,550を加えた9,774で天井（現実には9,838－2/19までオーバーシュート）

以上三大インデックスのいずれも横線天井、NYダウに至っては54°チャネル上限にも接触している。

2. 日柄

ITバブル破裂底2002年10月10日（これは大恐慌前高値1929年9月386ドルからの36.5単位73年目の大日柄）からの69四半期（17年+1四半期）入りは2020年1月10日、70四半期目は4月10日。従って69四半期は2020年1月10日～4月10日の時間帯

1982年8月9日の安値769ドル（大恐慌安値1932年7月40ドルからの50年目の底値。その後の大ラリーの起点）からの36.5年（146Q）～38.2年（152.8Q）の中間の150Q（37.5年、2020年2月9日）で高値を示現。

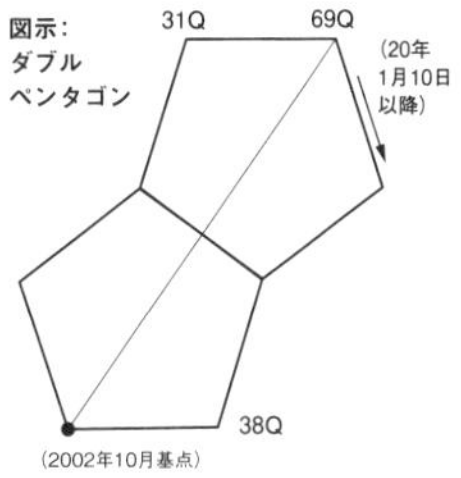

3. 人気

トランプ弾劾免除で、トランプの支持急上昇。株式市場のムードも2000年ITバブル破裂直前に匹敵。イエール大学シラー教授（ノーベル経済学賞受賞）がかねて彼の考察したCyclically Adjusted P/E Ratio＝CAPE Ratioから見て株価が高すぎると懸念を表明していたが、株価の余りの勢いに12月「トランプは異数のコミュニケーターだから、株価は大幅上昇するかもしれない」とそれまでの主張を翻した。

これは大恐慌前のバブル破裂直前に当時米国経済学の最高峰と讃えられていたアービング・フィッシャーが「Stock Prices Have Reached What Looks Like a Permanently High Plateau.」（株価は永久に高値に止まる台地に到着したようだ。）と述べた史実を思い起こさせられた。アービング・フィッシャーは偉大な経済学者であったがこの一言で永遠に汚名を着せられ、死後73年経った今もイエール大学の後輩のシラー教授の発言を一緒に悔やんでいるだろう。

の日柄が今日まで生きているということだ。当時のヨーロッパも低金利が長く続いていた。16世紀から17世紀にかけては世界中が金余り状況であった。新大陸が発見され、スペインやポルトガルが世界を席巻していた時代でもあった。チューリップ・バブルの背景には、メキシコや南米でおびただしい数の銀の鉱山が発見、開発された結果、欧州に凄まじい勢いで銀が流れ込んだことがある。

当時の金利を調べると、1619年に1%台まで下がっており、ちょうどいまのような感じといえる。オランダのチューリップ・バブル破裂が起きた1637年からの黄金律382年目が2019年。バブルの天井にはふさわしい年なのではなかったかと思う次第である。

オスマントルコからの輸入品だったチューリップの球根は1636年あたりから価格が上昇し始め、同年11月に指数化された価格で10だったものが、翌37年2月3日には200にまで急騰して、バブルの天井に達した。

20世紀の大恐慌の起点であったバブル天井は1929年である。これはチューリップ・バブル天井1637年から292年目となる。292年とは、「36・5」「73」「146」「292」と連なる36・5単位の数字で、チューリップ・バブルからの黄金律の日柄が生きている。

さらに驚くべきは、2019年は1637年のチューリップ・バブルから382年目という黄金律で結ばれている日柄であることだ。この382年の日柄は、2019年の2月3日から2020年の2月2日までとなっていた。

現実にはNYダウがバブル天井をつけたのは2月12日だったので、残念ながら10日だけ383年目に入ってしまった。私としては本当に悔しい思いをしたわけである。しかし382年という年月には閏年が95・5回入るので、現実には2月2日ではなく5月8日が382年目の終わりということになる。やはり黄金分割382年目で大バブル破裂という黄金分割のルールは壊れていない。


それから3つ目の人気。これは大人気で盛り上がったら終わりで、相場の終わりも同じようなものといえる。

下院で弾劾されたトランプが上院で無罪放免になると、トランプ支持が急増、再選確実というムードになった。アメリカ株のほうも勢いづいてガンガン上がっていった。

先にも記したが、私はブログに「既視感がある。これは2000年のITバブルの破裂前と同じ感じがする。こうした人々のユーフォリック状態はバブル破裂の前夜であるのを示している」と書いた。

ノーベル経済学賞学者のシラー教授は、自ら編み出した危機レシオのケープ指標を信じておけばよかったのに、ちっとも下落しないアメリカの株価の勢いに怖れをなした。彼は自説を曲げ、トランプを称揚した。そして一生後悔する墓穴を掘ってしまったわけである。

こうした出来事は相場の天井でよく起きるわけで、これが相場の人気といわれるものである。天井の値頃、日柄、人気、この3つの要素が完全に極まったのが今回の大天井だった。

NYダウの天井は2月12日、6週間後の3月23日に1万8213ドルと38・4%の大暴落となった。NASDAQの天井は2月19日だったから、5週間で32・6%の下落とバブル破裂に相応しい。

21ページに前掲した「株価大天井示現後のパフォーマンス」を見ていただきたい。

メジャークラスが大恐慌とITバブル破裂、次にマイナークラスがオイル・ショックとサブプライム・ショックとしているが、今回の暴落は間違いなくメジャークラスになると思う。先にもふれたが、シラー教授のケープ指標で見ても大恐慌前、2000年のITバブルと肩を並べている大天井であるからだ。

第2章

強すぎたドルがついに凋落する日

さっぱり売れない最高級コンドミニアム

ニューヨークのジョン・F・ケネディ空港からマンハッタンに車で向かう途中、トライ・ボロ・ブリッジに差しかかると左手にマンハッタンが見えてくる。この5年ほどの間に鉛筆を立てたような超高層住宅ビルが何本も立ち上がっている。

これらの超高層ビルの高さは1500フィート、450メートル以上もあって110〜130階建て、晴れていない日には上層階は雲間に隠れてしまう。

困ったことに空前のカネ余り状況で、デベロッパーが競って建てた新しいビルのコンドミニアム（日本で言うところのマンション）が売れない。

2013年以降に682棟も建った新しいビルの1万6200戸のコンド（ミニアム）の4分の1の4100戸が売れ残っている。これらコンドの値段がピークを打ったのは2016年であった。デベロッパーはあまり大きな値下げはできず、別の手段でやりくりしてきた。

それでも最終需要者には売れず、インベスター（投資会社）が安くまとめ買いしたものを、賃貸市場に流すなどでしのいでいる。その証拠に、2013年1月〜2019年8月に売れた1万2133戸のコンドの38％が賃貸住宅としてリストアップされている。

そして、つくったのにさっぱり売れない、不振をきわめているのが2000万ドル（20億円）クラスの最高級コンドである。

ONE57TOWER（カーネギーホールの斜め向かい）は2011年から売り出して、まだ20％が売れていない。132戸のうちの27戸が空室。普通のコンディションなら2〜3年で売り切るのがヘルシーなマーケットであるのを考えると、住宅市場は明らかに「上」から崩れている。

要因として挙げられるのは、いままでは中国人を中心とする外国勢が買っていたのが、ここにきてバッタリ止まったことだ。

中国人以外の投資家で、手金で投資用にコンドを買う投資家はいないので、みな借金をして買った。しかし売れないで賃貸用に転用しているものは、売り出して3年も経つと、借り換えをしなければならない。これが第1ラウンド。これから第2ラウンド、3年の延長戦に入るわけだが、第3ラウンドになるとファイナンスはつかなくなる。

したがって、第2ラウンド中に現物が売れなければ、もはや投げ売りするしかない。ニューヨークの住宅はこういう状況に嵌《は》まりつつある。要は、不動産の世界においても投資家たちの錬金術が通用しなくなってしまったのだ。

ご存知かもしれないが、ニューヨークでは商業用不動産が大不況に陥っている。目抜き通りでもシャッター通りと化しているところがある。これらの我慢比べが終わり、いつ投げ売りが出て価格崩壊となるか。先はあまり長くはないであろう。

これまでのアメリカ経済は資産価格の上昇という恩恵を受けて、なんとかなってきた。ここで資産価格の上昇が止まれば、経済は根っこから狂ってくる。

狂ってくるのは上層部のほうからだ。下層のほうは賃金上昇、50年来の低失業率（3.5%）に支えられ順調。中間層も悪くはない。だが、アメリカではもっとも大事な上層部がぐらついている。これが現在のアメリカ経済の実相である。

少し前までは逆で、上層部のほうはガンガン儲けていたけれど、中間層はちっともいい目をしていなかった。ところが、それが逆転してしまった。アメリカではこちらのほうがうんと危ない。

そんな私の懸念をあざ笑うかのように、2月中旬、NYダウ、SP500、NASDAQの3大株式指標は立て続けに高値レコードを更新していった。

そしてその数週間後、資産価格の暴落の季節は唐突にやってきた。世界経済が逆回転し始めたのである。

中国武漢に端を発した新型コロナウイルスの世界的な感染拡大は、今年第1四半期の株式市場を大きく揺るがした。世界全体としては21％の下げで、リーマン・ショック後の2008年10～12月（23％）以来の下落率を記録した。雇用情勢も急速に悪化、議会予算局によると、4～6月の失業率は3月の4・4％から14％にはね上がるという。さらに2020年4～6月のGDPは年率換算で前期比39・6％のマイナスに落ち込むとの予測を発表した。これは戦後最悪の数字である。株高と低失業率というトランプの2枚看板があっけなく吹き飛ばされた格好だ。

11月の再選を最優先するトランプは連邦議会と組んで、2兆ドル規模の緊急救済策のための法案を作成、3月25日に上院で採択、3月27日に下院を通過させ法律となった。

ドル円相場の構造

ここからは今後、ドル円がどうなるのか、どういう構造になっているのかを見ていこう。

モーニングサテライトなどの経済番組を見ていると、為替相場の大局観を持たない連中がその場しのぎのコメントを垂れ流しているだけで、相場には構造があることをまったく理解していないことを曝《さら》け出している。

ドル／円相場の構造

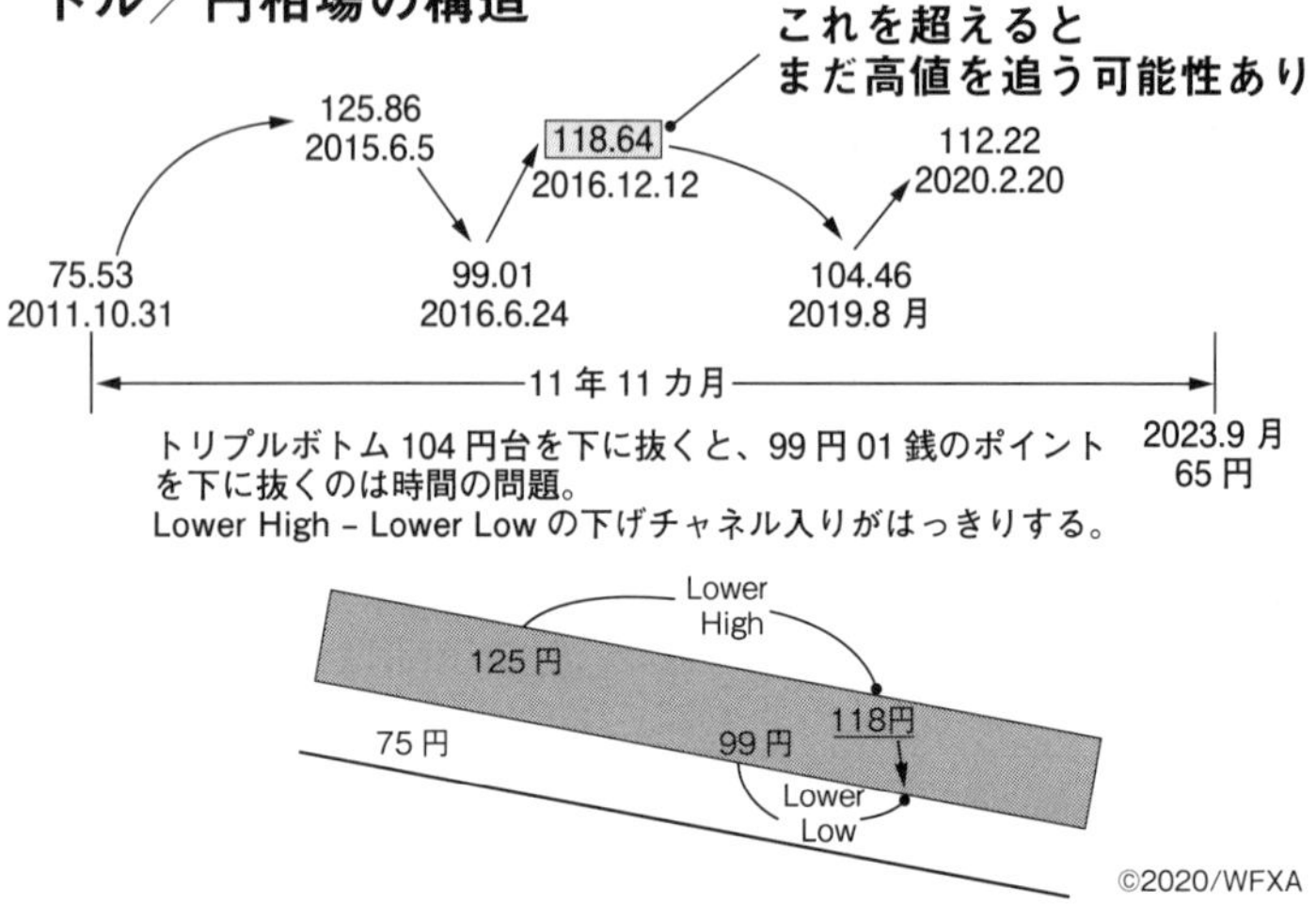

近年のドル円の大底は２０１１年10月31日の75円53銭であった。その後猛烈な勢いで50円もドルが戻し、２０１５年6月に１２５円86銭をつけた。この要因をアベノミクスだとしたり顔で語る人がいるが、それはまったく的外れだ。本来相場が円安に行こうとしているところに、たまたま安倍首相がアベノミクスと言っただけの話で、アベノミクスなどまったく関係はなかった。

この１２５円までのドル上げ相場は、日柄、人気、値頃の三拍子がそろって円高に転換、ドルが落ち始めているところにブレクジットがあって、２０１６年6月24日、99円01銭まで落ちた。

上のほうは１２５円86銭があって、その後99円まで一度下がり、その後の戻り相場では118円64銭までしか戻らず、右肩下がりになっている。そうしたなかで、次に105円を切ると99円01銭のポイントを下に抜くのは時間の問題である。

すでにアメリカは金利を0にしてきたわけだから、今後は円高になるに決まっている。99円01銭を下に切るとどうなるのか。下値が下がる。安値が右肩下がりになる。上は125円－118円でlower highである。高値も右肩下がりなので、完璧にこれは下向きのチャネルに入る。下向きの構造になれば、戻ってもどうせ下向きの構造のチャネルのなかでの戻りに過ぎない。

相場の構造というのは、そういう意味である。

これから3年半は続く円高ドル安

次はドル円の四半期チャートである。2月20日、ひゅーっと112円まで上がったのだが、今期の第1四半期は計算すると、107円56銭以下でないと、このチャネルの下にならない。

ただしこれは期末足だから3月末まで時間があった。2月20日で112円なので2月の末まで5円下がるかなとやや不安だったけれど、見事に一気に下がり、107円を完全に

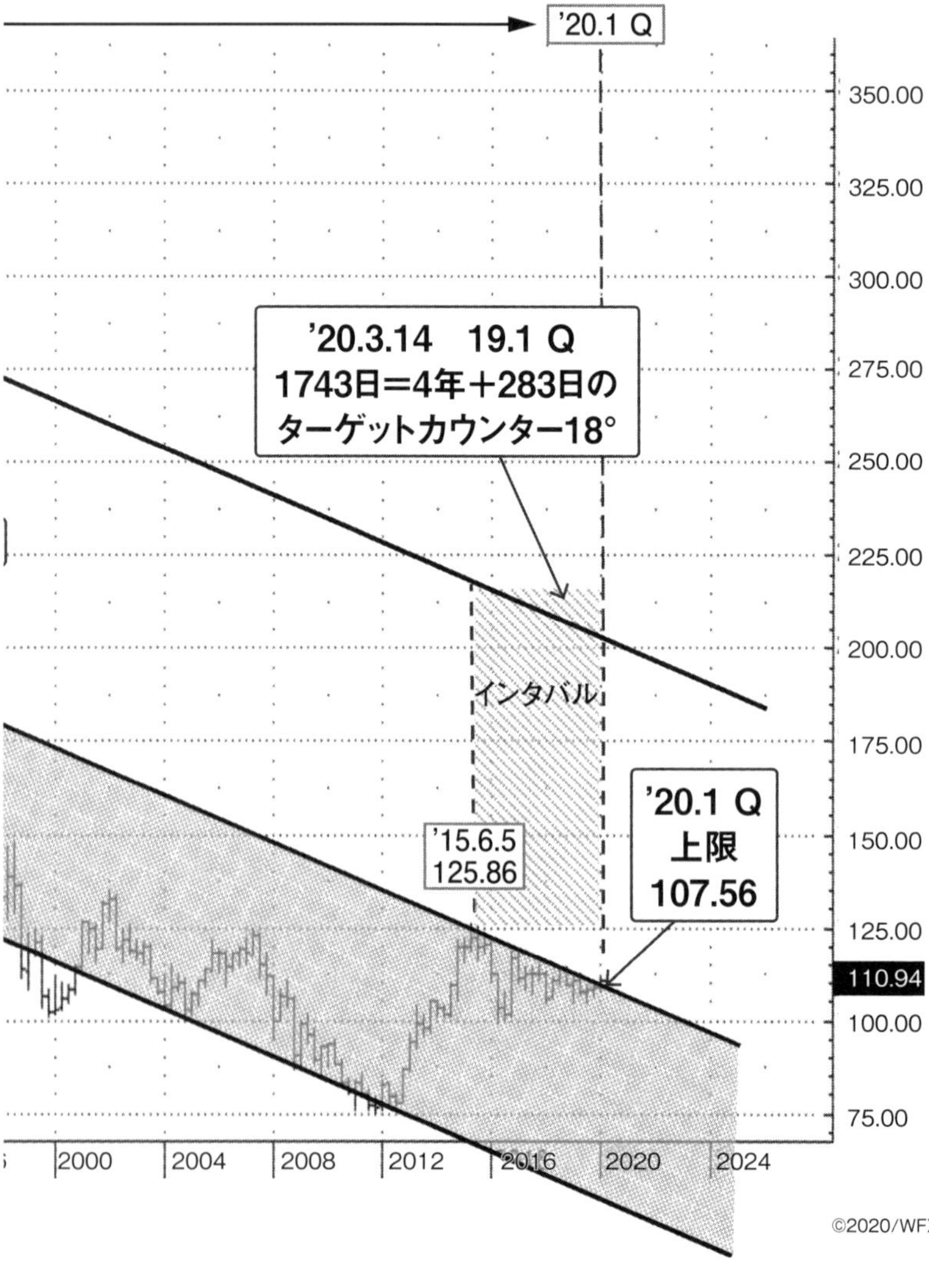
'20.1 Q
'20.3.14　19.1 Q
1743日＝4年＋283日の
ターゲットカウンター18°
インタバル
'15.6.5
125.86
'20.1 Q
上限
107.56
350.00
325.00
300.00
275.00
250.00
225.00
200.00
175.00
150.00
125.00
110.94
100.00
75.00
2000
2004
2008
2012
2016
2020
2024

ドル／円四半期足（2020年2月24日現在）

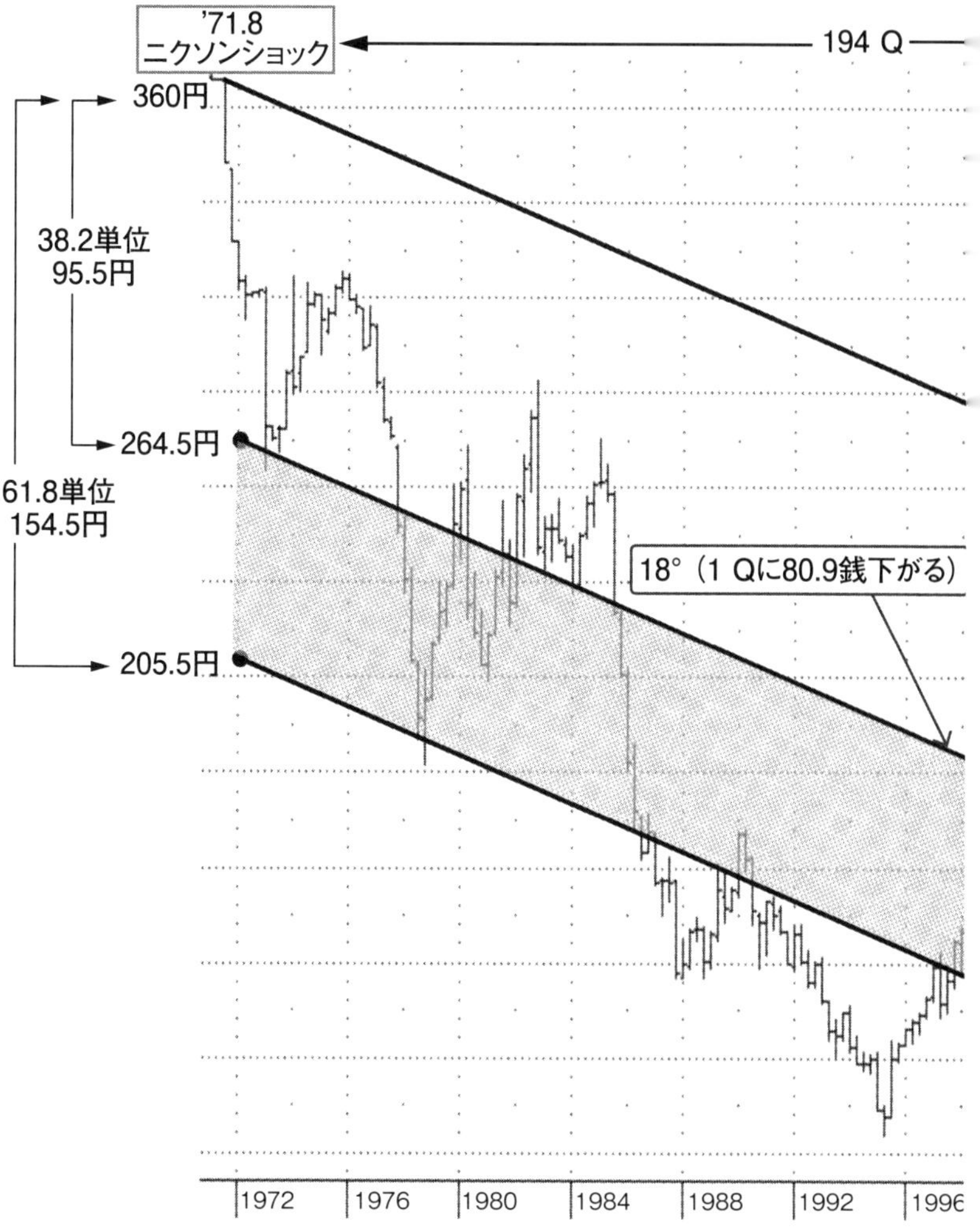

下に切っていった。

というので、まず間違いなくこの線が生きている。一般的にはこの斜線の一番下のところが65円になるかと思う。したがって、きれいに107円56銭という大事な18度線をちょっと超えたような顔をしたものの、やっぱりダメで落ちてきた。

テレビの経済番組を見ていると「いつ円高が終わるか」とか見当ちがいなことを言っているのだが、円高は始まったばかりである。

なぜそう言い切れるのか。

たとえば、この125円86銭はいままでの高値である。2月20日の112円22銭という高値の週末は2月21日であった。それでこの2月21日で終わった週は前の高値から246週目だった。つまり、2月24日から始まる週は247週目になる。

247週目についてどういう計算をすればいいかというと、私は月足を全部1カ月28日で見る。その月を私は短月と呼んでいる。それが黄金分割と一番きれいに整合するからだ。だから、1週間×4＝1カ月。これで計算するわけである。

247週間は短月で行くと、247÷4＝これで短月の数字が出る。短月で黄金分割そのものの61・8カ月が導かれる。だから、この2月20日の高値、あるいはその翌週から2月24日の247週目はちょうど短月で61・8カ月が過ぎた、抜群にいいタイミングで円高方向に新たな相場が始まったことを意味する。

２週間であっという間に10円以上も下がってしまったエネルギーも溜まっていたし、タイミングも非常に良かった。したがって、「円高はいつ終わるのか」などという馬鹿げた話ではないということだ。正確には円高が始まってからまだ２週間、という考え方が正しい。

短月61・８カ月は、長月に直すと57カ月ぐらいか。57カ月もひたすらドル高をやってきて、ようやく本来の円高の局面に入ってきたというのが２月24日からの週なのである。だから円高は始まったばかりで、２０２３年９月まで終わらない。基本的に３年半経たないと終わらない。その間ひたすら円高が進んで65円になる。こういうふうに考えていただいてよい。

ドル円の月足は若干、ドル円の四半期足と似ている。

２０１１年10月31日の75円54銭のところからある数字を与えて、１５１円93銭のところから、18度線を下げる。そうすると今年の２月はこのラインが１０８円25銭となる。ここから上げた18度線は、２月は１１０円47銭、２月20日にはこれを超えて１１２円まで上昇したが、２月末には１０８円25銭のラインを下に切った。

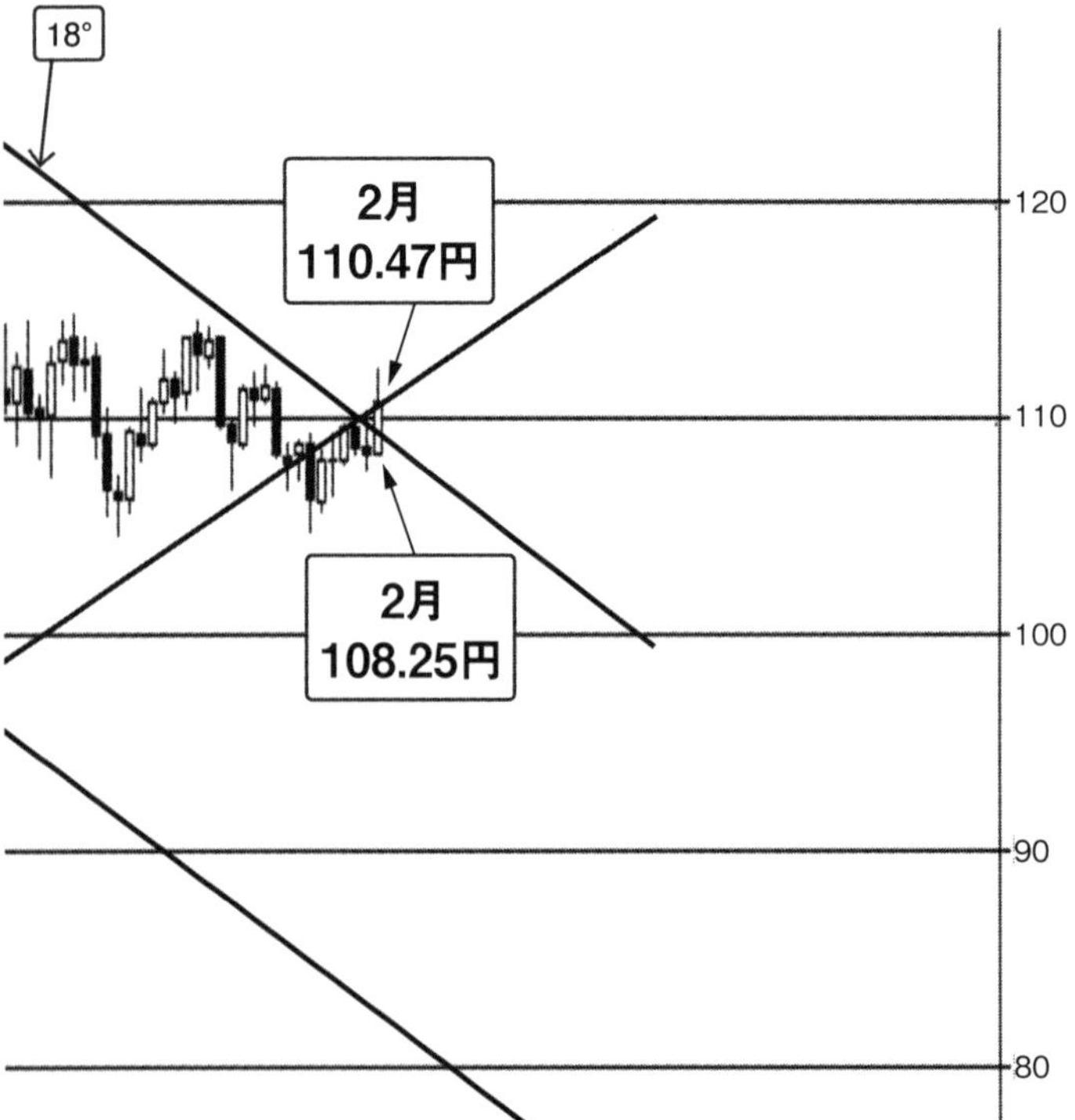

18°
2月
110.47円
2月
108.25円
120
110
100
90
80
17
2018
2019
2020
2021
2022
2023
2024

ドル／円月足（2020年2月24日現在）

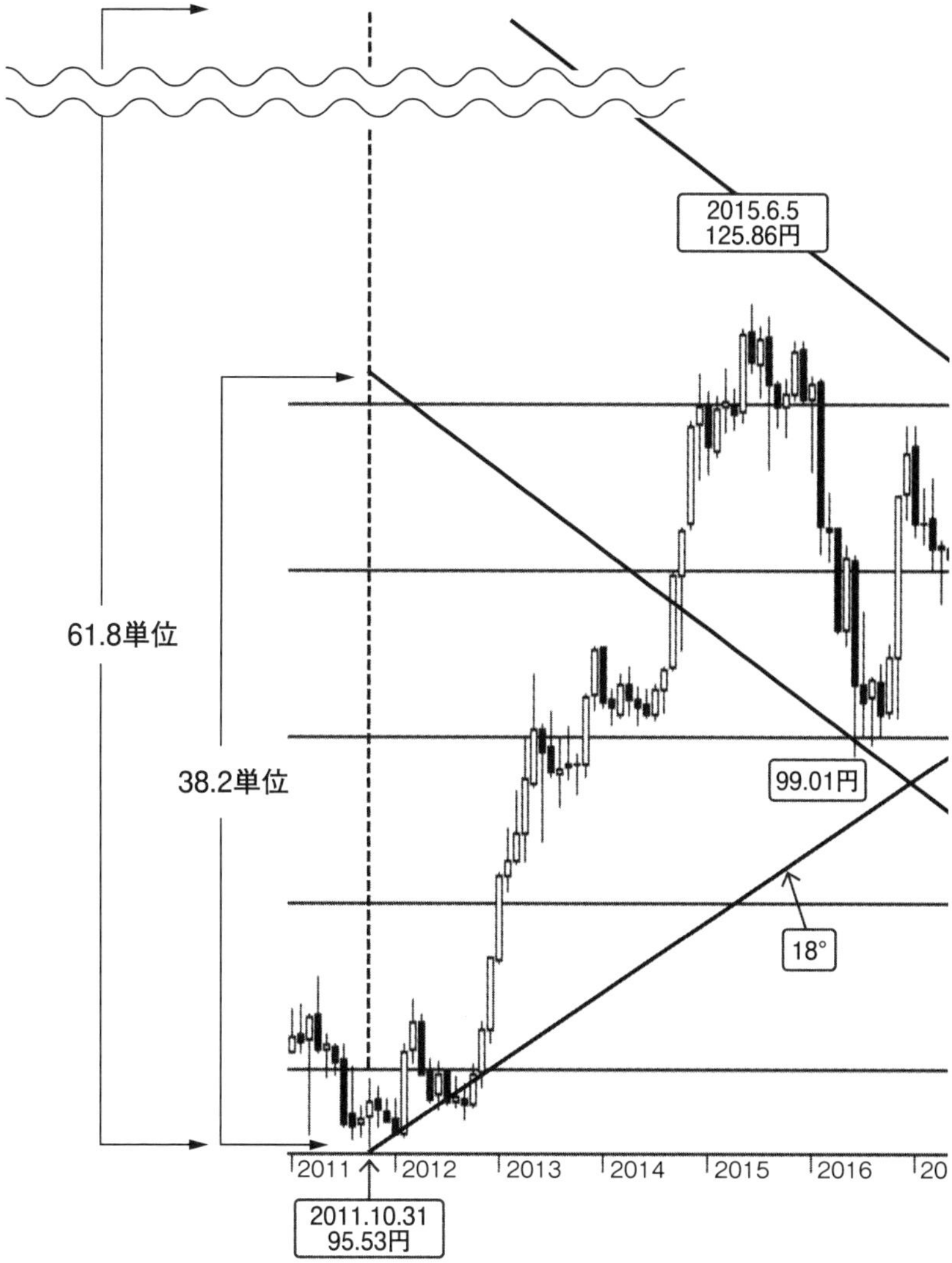

ドル円は相場だから、当然ながら、上がったり下がったりする。一気に十何円など下げてしまうと、さすがに100円を切る力はない。ぐずぐず拮抗《きっこう》して力を蓄えて、次に100円付近にやってきたときに、100円を切るかどうかが試されよう。

101円が短期的には結構大事で、101円を切ったら、順調に100円を切り、99円も切っていくはずである。

99円を切れば先のドル円の構造のところで記したように、完全に上下全部右肩下がりの構造になる。5月、6月あたりまでには完全に円高が勢いを増すのだと思う。

到来する世界全面のドル安

ユーロ・ドルに興味がある人はあまりいないと思うが、ヨーロッパ経済がひどく低調なのにかかわらず、どう見てもユーロは上がりそうな顔つきをしている。2008年の安値から上げ54度線に乗っており、1・12ぐらいが今期の下支えという感じになっている。この太い線に乗って1・25ぐらいまでは上がりそうだ。

それではなぜユーロが上がるのか？　景気が悪くてゼロ金利、マイナス金利なのになぜユーロが上がるのか。それは相場だからとしか答えようがない。

日本がバブル破裂をしたときに、「こんなに景気が悪い日本なのに160円から80円までなぜ円高が進んだのですか？　バブル大破裂で日本経済は瀕死の目にあっているのに、なぜ為替は円高になるのですか？」と聞いてくるのと同じだと思う。

相場とは、モーニングサテライトなどのテレビ番組に出演する銀行の人間が妙なファンダメンタルズみたいなものを持ち出して懸命に理屈をこねるようなものではないということだ。最初から決まっているのが相場なのだから。

話をユーロに戻すと、2000年の安値0・8228からの加速54度の太いラインに支えられて相場は上がっていき、暴騰もありえる。というのは、先にもふれたとおり、新型コロナウイルスで死者数がトップクラス、経済も瀕死状態のイタリアが「もはやユーロと一緒にはやっていけない」とユーロ離脱に踏み切る可能性があるからだ。状況によってはスペインもイタリアに追随するかもしれない。

ただユーロ圏にいることにメリットもずいぶんあるから、そう簡単には放擲《ほうてき》できないわけだが、国内景気に手がつけられないほど悪化する場合はまず離脱するであろう。

イタリアはユーロにいるかぎり、財政政策が一切使えない。EUには域内の財政規律や通貨ユーロの信認を守るため、各国が財政赤字を3％に抑えるルールがあるからだ。

財政を使って景気を刺激するのはユーロのルールに違反することから、19カ国のユーロ

ユーロは上げ相場！

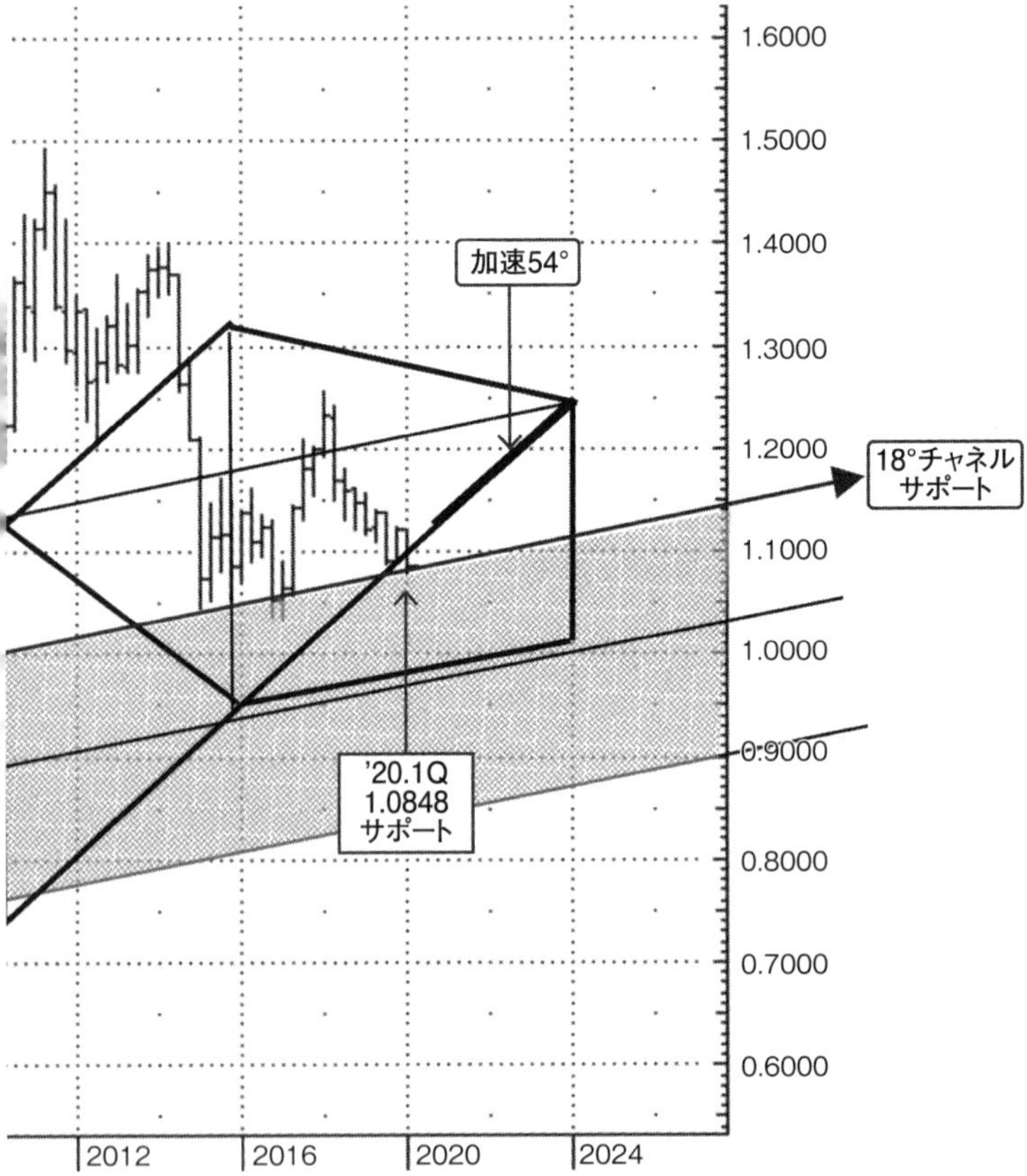

加速54°
18°チャネル
サポート
'20.1Q
1.0848
サポート
1.6000
1.5000
1.4000
1.3000
1.2000
1.1000
1.0000
0.9000
0.8000
0.7000
0.6000
2012
2016
2020
2024

ユーロ／ドル四半期足（2020年2月24日現在）

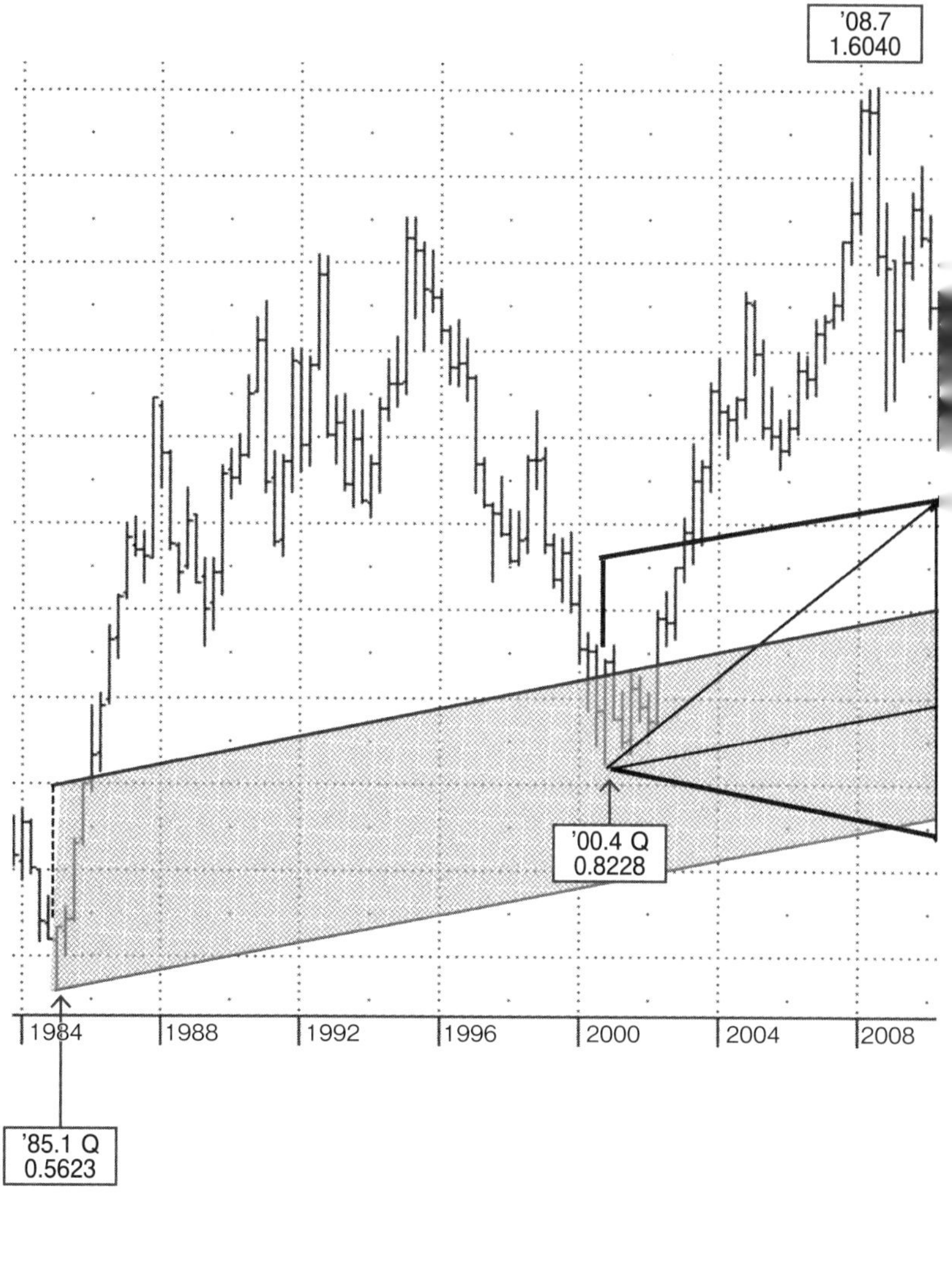

加盟国はそれができない。

それでは金利を動かせるのかといえば、金利はすでに0だから、金利で景気を刺激することはできない。財政で刺激することはルール違反。もうブラックホールに吸い込まれたようなものである。

では、イタリアのように経済の弱い国はどうすればいいのか。

やはりユーロから離脱し、従来の自国通貨のイタリアンリラに戻るしかない。そうすればユーロが課しているさまざまなルールをすべて放擲して、ひたすら赤字国債を発行してガンガン景気刺激政策を行うことができる。当然ながら、通貨リラは暴落する運命にある。

イタリアが抜けたユーロは逆にぐっと強くなるわけだから、ユーロが急上昇することが考えられる。

新型コロナウイルスで瞬く間に3万人近くも死者が出たイタリアとは、いったいどういう国だという感じがしないではないが、それがまさにイタリアなのかもしれない。

ただ、イタリアは他国と異なる顔を持っている。マフィアの国だから地下経済がかなり発達している。地下経済は原則現金の経済ということで、表に現れているGDPよりはるかに大きな経済が動いている得体のしれない側面がある。だから、イタリアの景気は巷間言われているほど悪くはないかもしれない。

ユーロ・ドルに戻ると、弱いユーロからイタリアのような弱い国が脱落していくのと、もう一つ、ドルがもっと弱くなる。だから相対感で言えば、ユーロは強くなる。

為替は長らくドル高で推移してきた。それでトランプは「ドルは高すぎる、安くしなければならない」と声を上げ続けたが、どうにもならなかった。

そこでここにきてFRBが金利を思い切って下げた。マイナス金利まで踏み込んで行くような勢いだから、やっぱりドルが強すぎたのだ。

今後はドル安に〝加速〟がつく流れになる。ユーロ・ドルが上がるというよりは、世界全面のドル安が到来する。そうした流れのなかで、円も65円まで行ってしまうのだろう。

円のほうがユーロより対ドルでは強い

ユーロも円も両方、対ドルでは強い。というのがこれからの流れなので、あまり大きな動きは起こらないはずだ。

要するに、どちらが早くドル安になるかという勝負なのだ。だから、ここでユーロ円がこういうふうに下がりそうになっているのは、ユーロでもドル安が進むけれど、円でのド

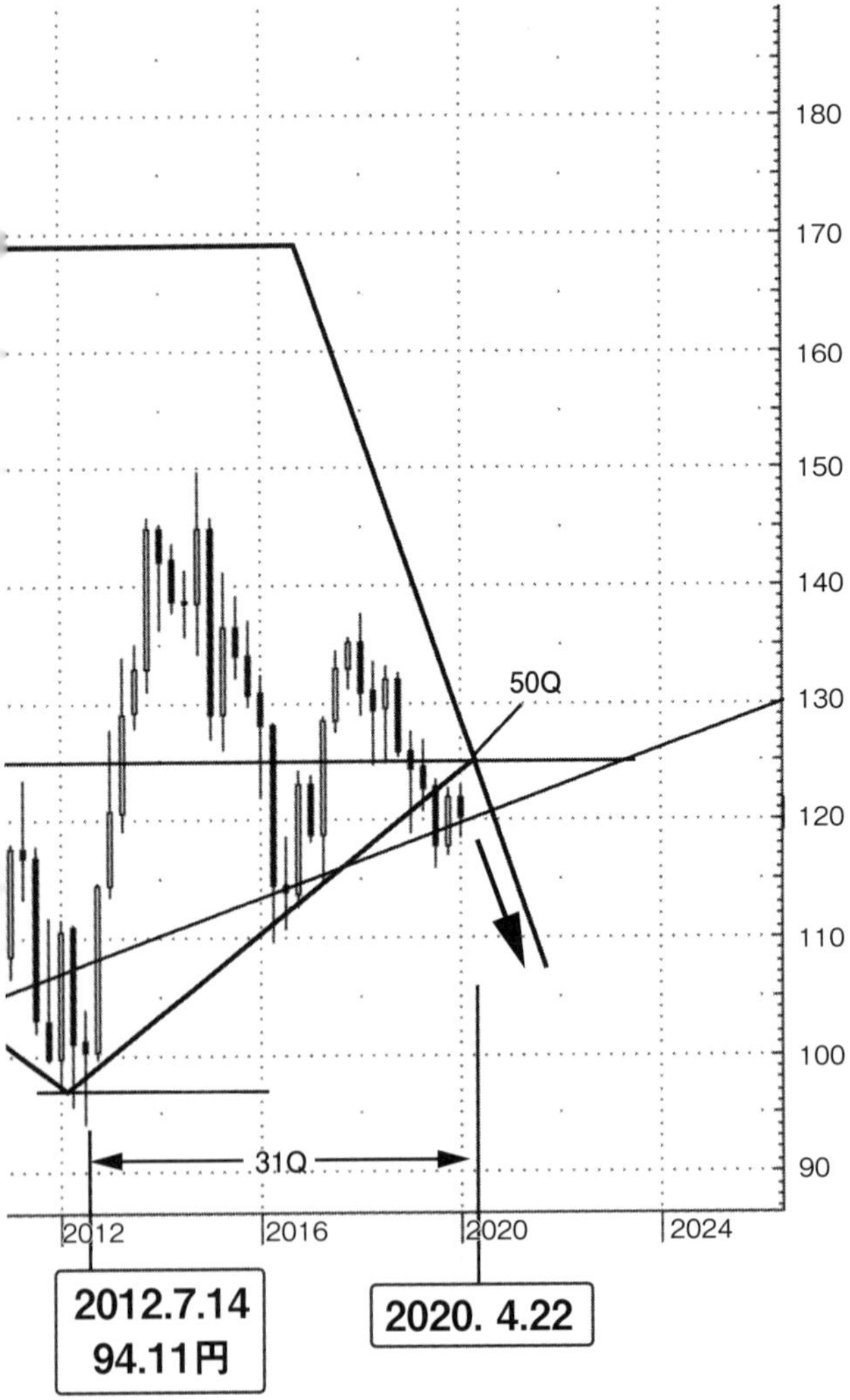
180
170
160
150
140
130
120
110
100
90
50Q
31Q
2012
2016
2020
2024
2012.7.14
94.11円
2020. 4.22

ユーロ／円四半期足（2020年2月26日現在）

ル安のほうがはるかにスピードが速い、ということを意味しているのだ。

２０１２年７月が94円。いまは１２０円をちょっと切ったところでぐずぐずしているとはいえ、もう下に線は切れている。だから、どこかでズドンと行く。日柄が来ればいくのではないか。ここからの31四半期、つまり62の黄金分割の半分が２０２０年４月22日ぐらい。ここらで31四半期の呪縛が外れてズドンと落ちるのではないか。

したがって今年の５月あたりからユーロ円は本格的にズドンと落ちる。１１０円を切って、１００円に向かうような流れになると考えている。

ドル円が１００円を切ってくると、たぶんそれなりに大騒ぎになると思う。別に一里塚でもなんでもないけれど、それなりのサポートであり、心理的に大きな壁になっているわけだから、これが切れたらあっという間に95～96円まで行くのだろう。そのときにユーロ円もズドンと落ちるのではないだろうか。

豪ドル円の最終的な落ち着きどころは60円

豪ドル円。四半期足で見ると、１０７円87銭のところからの18度チャネル、グレーゾーンを下に抜いている。

日柄がもう一つよくわからないが、とりあえず目先で止まるのは四半期足で64～65円のところか。おそらく月足で見たこのグレーゾーンの下の60円というのが、最終的な落ち着きどころかなという感じがする。なにせドル円が65円まで行くわけだから、とんでもないほど円高になってしまうわけである。

ただ、来年の1月～3月ぐらいでいっぺん円高が止まる。そのときにドル円は90円程度ではないかと思われるが、豪ドル円についてもだいたい60円程度になるのだろう。

相場だからいっぺんやるところまでやってしまえば、それなりに戻る。ドル円が100円に向けて戻ったりする。

ドル円は、75円の大底が2011年10月31日、その時点からの11年11カ月が大事な日柄である。11年11カ月がどういう日柄かというと、これは短月にすると154・5カ月。これは18度線上の短月162カ月で、完全に黄金分割となる。11年11カ月は12年に1カ月足りないわけだから、2012年に11年を足すと2023年。その10月31日の1カ月前。

つまり、2023年9月30日ぐらいがいちばんきれいな11年11カ月となり、次のドル底値の時間帯となる。ただその前に2021年の2月、3月でとりあえずボトムを1回打つのではないか。いったん相場は戻るが、そのあとでさらに追加の下げがやってくる。株下げも円高も、もう1発くる。こんなふうに思っている。

豪ドルは60円を目指す！

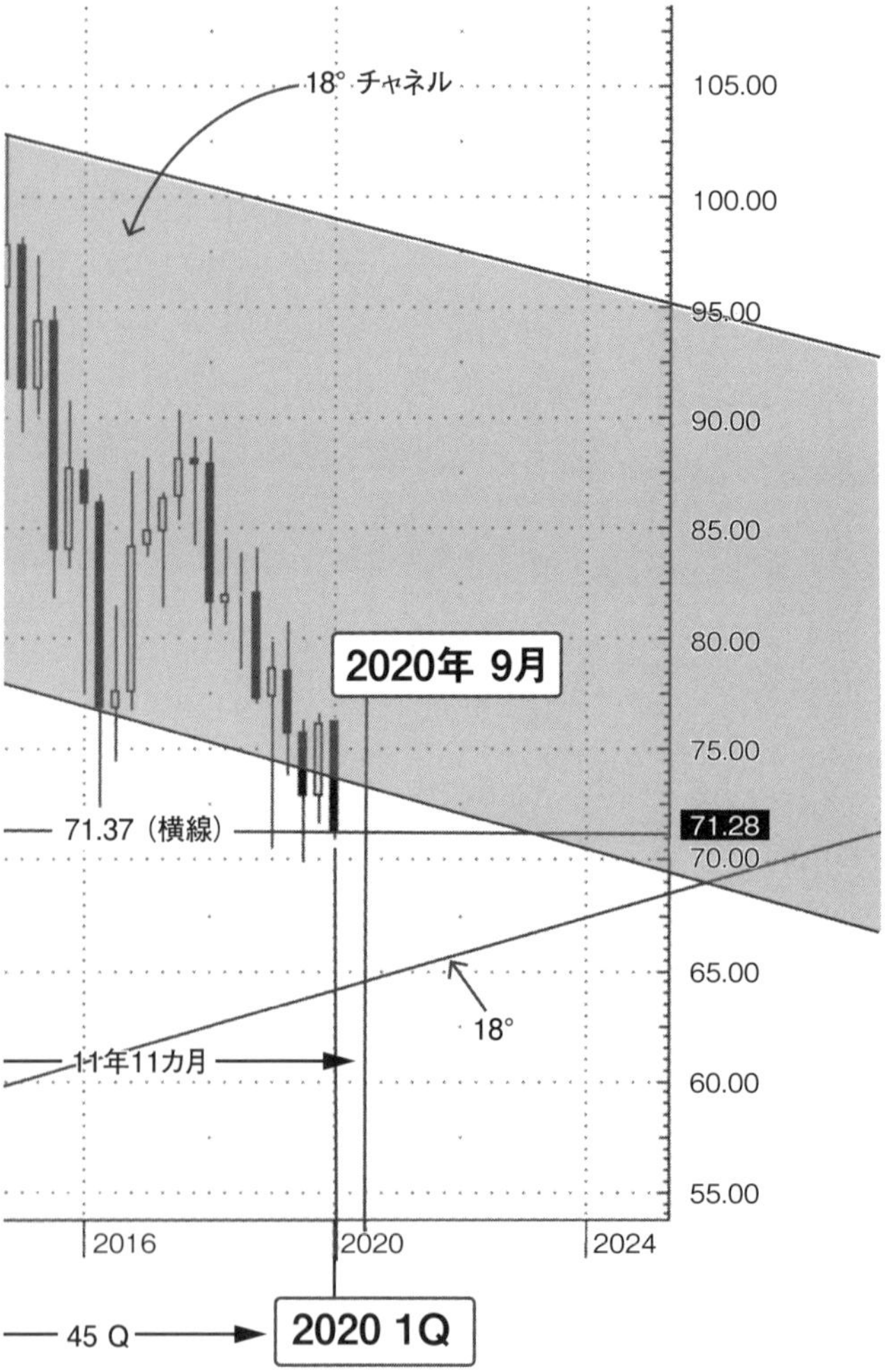

©2020/WFXA

豪ドル／円四半期足（2020年2月27日現在）

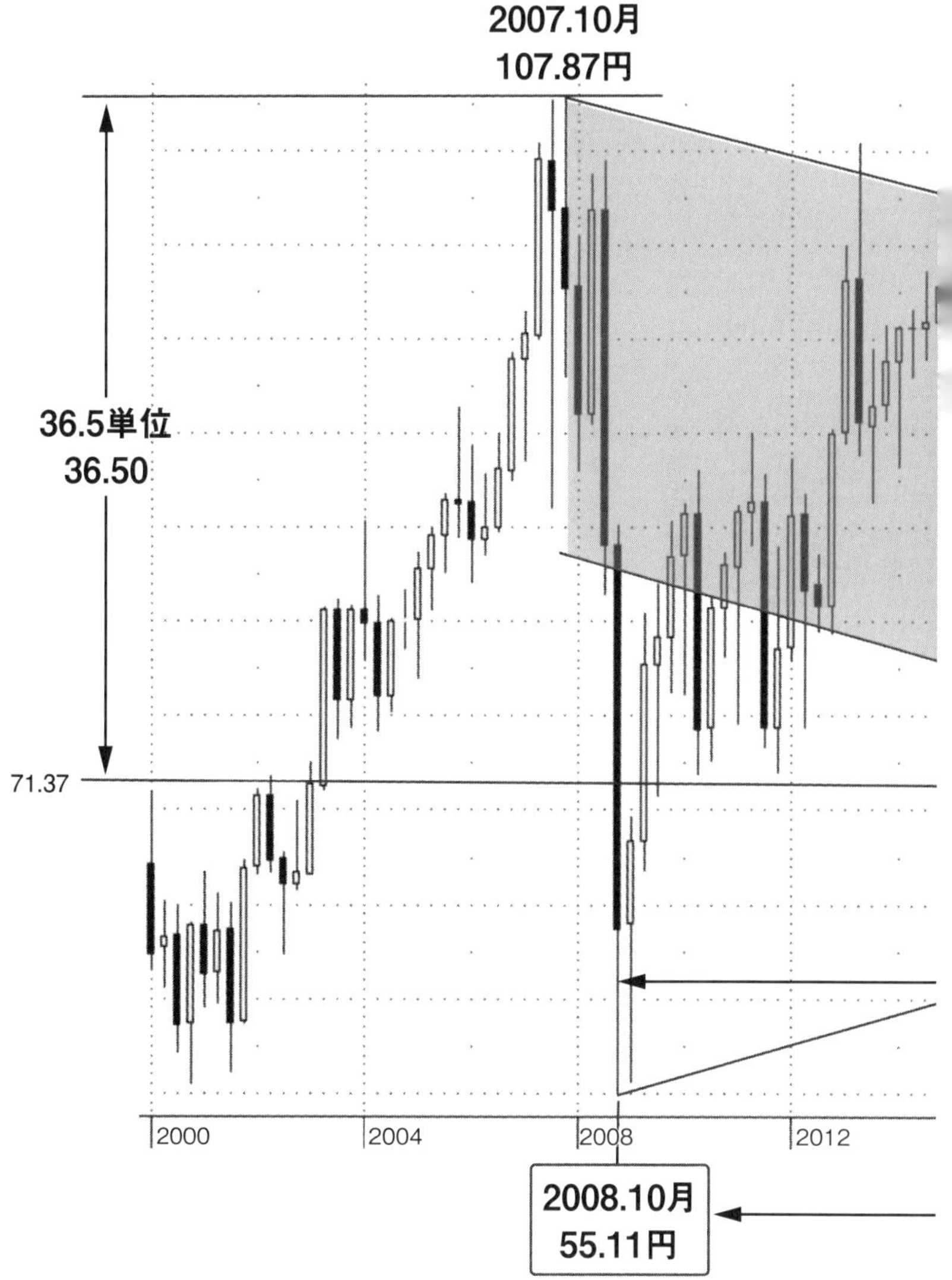

意味がない時価総額というアダ花

今年2月まで、1兆ドル企業クラブ会員としてGAFAは市場の称賛を一身に集めていた。この現象こそ、時価総額狂騒曲という名のバブルに踊っていたアメリカを表していた。そしてGAFA神話にハクをつけていたように思う。

前作『パーフェクトストーム』（日本実業出版社）でも指摘したのだが、私は発行株数に株価をかけた時価総額というものにはほとんどサブスタンス（実体）がないのではないか、何の意味があるのかと、かねてより疑義を呈している一人である。

それはPERの計算式を考えれば明らかだ。PERは株価÷1株当たり利益で計算されるが、これはそのまま「時価総額÷利益総額」に置き換えられる。そこで問題になるのが時価総額なのだ。よく「企業価値は時価総額で計られる」などとしたり顔で言う人がいるけれど、明らかに間違っている。

発行株数に株価をかけたものが時価総額だが、注目されるわりには企業の価値を測るのには役立たない。なぜならみんなが売りたいと思って、みんなが一斉に売ったら、あっという間に株価は急落して何分の一かになってしまうからだ。いわば砂上の楼閣。そんなものを取り上げて大騒ぎするのはおかしい、時価総額など株の世界の一種のアダ花のような存在ではないかとずっと思ってきた。

けれども証券界ではこの時価総額が重要で、あたかも証券界のバランスシートがあるとすると、その左側の債権欄に時価総額が入り、右側の債務欄に債務と自己資本が入って見合っているかのごとくである。むろん時価総額が大きくなれば、その分、自己資本が大きくなるけれど、その時価総額がアダ花だとすると、自己資本は大幅に減額するか、あるいは利益がマイナスとなってバランスシートの左側に計上されかねない。

また1株当たり利益も、自社株買いで株数を減らせるので、人為的な操作の対象になりやすく、必ずしも信用できる数字ではない。

唯一、株式を発行している会社の本質的な価値を測るのに信頼できる数字は、その会社が持っている純資産だ。つまりＰＢＲ（株価純資産倍率）で評価するのが妥当といえる。これには実体が伴っているからである。

だが現実には、ほとんど幽霊みたいな時価総額が巨額に膨らんでいる企業は、それを担保に入れて融資を受けられるなど、理屈に合わないことが金融界で繰り広げられている。時価総額という幽霊でお金を借りて、そのお金で投資して、儲かったり損したりを繰り返しているわけである。

だが、ありとあらゆるものにレバレッジをかけて膨らまそうとする株の世界にも限度というものがあるはずだ。今回のアメリカ株式の暴落は、そうしたことを止めさせようとする〝神意〟が働いているとも思えるのだ。

強欲経営者による自社株買いがもたらすもの

知ってのとおり、株主優遇というおためごかしを言いながら、アメリカの企業経営者は自社株でボーナスをもらうため、そして自分たちのボーナスを増やすために会社のお金で自社株買いをしている。

アメリカでは経営者を評価する指標としてROE（自己資本利益率）が重視されてきた。これは自己資本に対してどれだけの利益を上げたのかを測る指標で、純利益を自己資本で割って求められる。この数字をいかに最大化するかに、アメリカの企業経営者は奔走する。なぜならROEが上昇すると、ボーナスとしてストックオプションがもらえるからだ。

ROEを上昇させるためには、分母の自己資本を下げるのがいちばん手っ取り早い。自己資本を減らすには発行株数を減らせばいいわけで、アメリカの経営者は積極的に自社株買いを行う。自社株買いをすれば、株式市場では需給がタイトになって株価が上昇しやすくなり、なおかつROEも上昇する。

実際、自社株買いを発表すると、その企業の株価は平均で4・2％上昇するというデータもある。こうして株価が上昇したタイミングを狙って、経営者などのインサイダーは手持ちの株式を一斉に売って現金化するのである。

これを利益相反と言わずに何と言うのか。そもそも1982年以前は、自社株買いは相場操縦にあたるとされ、事実上禁止されていた。それがレーガノミクスの規制緩和によって実質OKとなったという経緯がある。

こうして経営者が強欲そのものにどんどん自社株買いを行えば、企業の自己資本はどんどん減少していく。つまり資本が脆弱《ぜいじゃく》化していくのだ。そのような状態で今回のような大きな経済危機が到来したら、企業は危機に対処しきれず、倒産に追い込まれる怖れがある。経営者が自社株買いによる株価上昇に浮かれている裏側で、実はどんどん会社の体力は落ちているわけだ。

なかには借金をしてまで自社株買いを行った企業もあった。そうした状況が高じるならば、お金を借りたくても借りられない、クレジットスクイーズ（圧縮）が起こる怖れもあるだろう。

2008年から2017年までの10年間で、S&P500のうち466社が約4兆ドルもの自社株買いを行った。そして2018年、トランプ大統領による不必要な企業減税でキャッシュリッチになった企業経営者は、1兆ドルを超える自社株買いを行った。

SP500を構成する大企業の経営者は、平均して従業員の215倍の俸給を取っている。したがって、5万ドル（500万円）平均の従業員の会社だとすると、215倍だから10億円以上の給料を取っている計算になるのだが、実際にはそんなものでは済まない。自社株買いで株価を上げた結果、経営者たちはとんでもないお金を毎年稼いでいる。

ところが自社株買いは、企業のステークホルダーの一員である従業員には何のメリットももたらさない。85％のアメリカ人所有株は富裕層トップ10％が保有しており、自社株買いのメリットは、圧倒的にその富裕株主階層とストックオプションでボーナスを受ける企業経営者が享受する。自社株買いによって株価が上がったとしても、アメリカの圧倒的多数の人間には関係のない出来事である。

デフレゆえのキャピタルゲイン・エコノミー

GAFAを筆頭にアメリカのIT系の主要企業は、ほぼすべてがインカムゲイン（配当）のかわりにキャピタルゲイン（差益）で株主に報いる方法をとっている。ここ十数年、アメリカはキャピタルゲイン・エコノミー一色となっている。

その理由は実にシンプルで、FRBが何をしても効果が見られなかったように、基本的にデフレ経済であるからだ。今年3月には2度の利下げで、アメリカもゼロ金利に足を踏み込むことになった。

投資家はこんなに金利が下がってしまっては、インカムゲインで十分なリターンを得るのはきわめて難しい。だから企業経営者は低金利を埋め合わせるために、キャピタルゲインで報いる形を目指すようになってきた。そのためには株価の上昇を支援するシステムを構築しなければならず、その代表が企業の自社株買いであったのだ。

たしかにこれまでのアメリカ経済は悪くはなかった。失業率は低いし、個人消費も順調に推移していた。ただし、これはアメリカ経済の下部構造についての話である。

ところが、上部構造である資本市場のタガが緩み始めていた。

たとえば株式市場においては、昨年まであれだけ旺盛であった自社株買いが激減している。2018年の自社株買いの総額は約1兆ドルに達した。トランプ減税で余った金で企業が自社株買いに走ったからにほかならない。それで株価を上げた。

企業経営者は自社株をいっぱい持っているし、株式オプションを行使できるため、株価が上がると、滅茶苦茶に儲かるわけである。つまり株価操作をすることにより、自分の懐を潤わせたのだが、これは明らかに犯罪だ。それが日本にも伝染して、日本の企業経営者も実質的な犯罪行為に手を染めている。

ところが、アメリカの自社株買いが一転、昨年からめっきり減り始めている。

これまでアメリカのマネーは圧倒的にキャピタルゲインに向かってきた。それがほぼすべての指標において最高値を更新した原動力となったのは、疑いのないところだ。

だが、キャピタルゲインには大きな欠点がある。当然ながら、投資家は株価が上がっているうちはハッピーなのだけれど、暴落したときには最悪の悲劇に見舞われることである。

ところが、「すでにマーケットには膨大なマネーが投入されているから暴落はありえない」という説を述べている、安直な証券界のプロがいる。

ここにも相場の構造が理解できない人がいるのである。お金があって株を買いさえすれば相場は上がるのか？　相場とは、そんなに単純な需給で決まってしまうものなのか？

相場とはそういうものではない。これが私の少なくとも40数年間におよぶ相場の世界で得た教訓である。

そういう世界だからと言ってしまえば身もふたもないが、世の中の証券界のプロといわれる人たちは常にマネーの動きに目が奪われがちで、どうもそこに問題があるようだ。マネーが日本にシフトされてきたから大相場になるとか、日本からマネーがシフトアウトされたとか、彼らはいつもマネーの動きに翻弄されている。

だが、相場とはそうしたもので動いているわけではない。

亡霊だったレーガン・アジェンダのトリクルダウン

1981年に大統領に就任した共和党のロナルド・レーガンが行ったのは大減税と規制緩和であった。アメリカの政治のトレンドはレーガン登場により大きく流れを変えた。ケインズ主義的なものを否定する、いわゆる新自由主義的な経済思潮を背景とするレーガン・アジェンダが圧倒的な支持を受け、その後の40年間のアメリカ政治を支配してきた。

その間、民主党からクリントンとオバマの2人の大統領を出したとはいえ、基本的なアジェンダはレーガン保守主義の流れだった。

新自由主義とは供給重視の経済学であり、いわゆるサプライサイダーと言われるもので、原則として「つくったものは必ずすべて売れる」という命題が支配している。

市場の価格メカニズムにより自動的に需要と供給が調節され、効率的な経済が実現する。このような市場原理が完全に機能することが大前提で、政府の役割は市場原理の機能を阻害しないように「自由化」や「規制緩和」を進めるというものであった。

こうしたレーガンの経済政策は、レーガノミクスとしてその後の経済政策のバイブルのごとく用いられてきたが、30年経ったところで賞味期限が切れ、さまざまな問題を露呈することになった。

レーガン・アジェンダによる減税、規制緩和、その他の新自由主義的な経済政策を実施するにあたり、当初のスローガンは「トリクルダウン」であった。トリクルダウンは「雫がぽたぽた落ちる」という意味で、政府が減税や規制緩和などで大企業の成長を促せば、間接的にそのおこぼれで国民の福祉が増大するというものだ。

確かに富裕層や大企業はレーガン・アジェンダでおおいに豊かになったが、一般の国民には何もトリクルダウンはなく、企業ならば経営者と労働者の格差、一般国民ならば金持ちと庶民の格差は拡大する一方であった。トリクルダウンは亡霊だったのだ。

国民全体の所得のなかで賃金や給与に回る割合を示す労働分配率は、1970年代の68%から最近は60%を切るところまで落ち込んでいる。要は、大企業は空前の利益を上げているが、労働者にはその利益がさっぱり還元されていない。

2000年以降の約20年間、企業収益の伸びに最大の貢献をしたのは労働コストの削減であった。つまり、労働者の犠牲において、経営者が自らの報酬を高め、また投資家の利益を許っているというのが、いまの空前の企業利益の実相である。

結局、レーガン・アジェンダはアメリカ国内の貧富の差の拡大を強力にアシストする仕掛けでしかなかった。

不正行為を横行させた共和党の規制緩和政策

賞味期限切れもいいところのレーガン・アジェンダを貪ってきたのは、浅ましい企業経営者たちであった

一昨年、アメリカにおける自社株買いは年間1兆ドルにおよんだ。この数字は、アメリカが株主資本主義ならぬ「経営者資本主義」あるいは「強欲資本主義」になってしまったことを如実に物語っている。

1982年まで自社株買いは「株価操縦」と見做《みな》され違法であった。自社株買いを行った企業経営者は刑務所にぶち込まれる運命にあった。

それをアメリカのSEC（証券等取引委員会）が、自社株買いは株価操縦にならないと認めてしまったことから、企業経営者の自社株買いが流行り始めた。レーガノミクスの規制緩和が横やりを入れて、まやかしを許してしまったわけである。

こうした流れは商業銀行の自己勘定取引を禁じたボルカー・ルールや、リーマン・ショックの再発防止のために巨大金融機関への監視を強化したドット・フランク法を支持した民主党とそれを骨抜きにしようとした共和党の攻防と軌を一にする。

話を現在に戻すと、さらなる規制緩和のためにトランプ政権に移ってきた代表格がゴールドマン・サックス出身のムニューシン財務長官である。そしてもう一人の代表格がやはりゴールドマン・サックス出身でNEC（国家経済会議）の委員長だったゲイリー・コーンであった。

コーンは常識的なエコノミストが誰もが首をかしげた大型減税をまとめ上げた。この企業減税は巨額の利益をアメリカの大企業にもたらし、その資金で大企業が1兆ドルを超える自社株買いを行い、強欲経営者の懐を潤した。

トランプが庶民や労働者の味方ではないことがここで判明した。同時に行われた所得減税では、トランプはこの減税にあたって各家計に4000ドルのボーナスを配ると大嘘をついたが、実際には一般民衆は実質所得で1週間に9ドル11セント（年間470ドル）のメリットしか受けられなかった。

自社株買いは日本もかつてはご法度であったが、アメリカに追随して合法となった。80年代ならまだしも、いまは株価と経営者のボーナスが直結する時代である。経営者による自社株買いとは、株価操縦での値上がり分を自分のポケットに入れることであり、完全に犯罪といえる。

それが罰せられずに、トップ1％の経営者は2億ドル、3億ドルという途方もない資産を短期間で築ける時代になった。こんな国が許されるはずがない。

日本にしてもIT企業においては、アメリカの愚かなルールを真似て、株価との関連でボーナスをもらって得意げな連中がけっこういるようだ。だが、これは昔であればうしろに手が回っている手口である。恥知らずと言われても仕方がない。

これが1980年代であれば、一般のアメリカ国民は株の他にさまざまな資産運用ができた。もっともポピュラーな運用法は銀行への預金で、7％の金利で銀行に預ければ、預金は10年間で倍になった。これは日本にも当てはまるだろう。

いまは超低金利でデフレだから、そんな運用はありえない。仕方がないから、アメリカの一般国民はみんな株を買うわけである。それしか資産運用の道がないからだ。株価は国民にとり資産形成における最重要の指標となってしまった。

そんな事情から、株価を上げる企業経営者が〝偶像視〟されて、必要以上の尊敬と報酬を得るようになった。

アメリカでは利益相反の倫理のところがどんどん緩んでしまい、その最高峰にいるのがトランプという男である。つまり、利益相反そのものみたいな嘆かわしい男が大統領になっているわけだ。

人間の倫理、叡智が完全に壊れつつある世界、それがいまのアメリカである。

一般従業員の何百倍、何千倍ももらって当然とするアメリカ人経営者の神経に、アメリカという国の衰え、倫理感の衰えを見ることができる。

第3章

救いようのない日本経済のゆくえ

いずれにせよ、日本株も相当しんどい。

2023年までは冴えない日経225

周知のとおり、日銀が30兆円持っているETFの損益ラインを下回り、含み損になる。野村総合研究所の試算によると、仮に日経225が1万9500円を切ってくると、日経225が1万8000円となるなら、引当金の規模は2兆円超となるという。

世界の中央銀行で株なんか買っている愚か者はわが黒田日銀しかいない。債券を買うならまだわかる。債券は期日が来たら元本は戻るのだから。

元本保証がまったくないリスク試算である株のETFを〝金融政策〟の一環として買っているのは、世界で日本のみで、愚かの極みである。

日本の証券界は何も言わないけれど、こんな日銀が介入しているような日本株にちゃんとした外人が興味を示すわけがない。中央銀行が30兆円も買って株価を支えている嘘八百の日本株を、まじめな外国のインベスターが買いたいと思うはずがないではないか。

日銀はこれからどうやって保有する30兆円のETFを市場に売却していくのだろうか。巨大なクジラと化した日銀が手持ちのETFを売却すれば、日本株はさらに暴落するのは明白なのだから、日銀はすでに泥沼にはまり、身動きがとれなくなっている。

3月16日の株価急落を受けて、日銀はETF買い入れ目標額の上限を従来の年間約6兆円から約12兆円に引き上げることを決定、もはや馬鹿につける薬はないと言うしかない。

先に先進国の中央銀行で株式を購入しているのは日本しかないと記したが、実はスイス中央銀行も購入している。ただしスイス中銀の場合は金融政策としてではなく、あくまで投資としての購入であって、日銀とは一線を画している。

したがって言い直すと、中央銀行の禁忌を犯し、金融政策の一環として株式市場に介入し、日本経済の死命を制する価格シグナルを〝ゆがめる〟愚行を続けているのが日銀ということになる。

その日銀のトップに長らくいるのが大蔵省、東大法学部出身の黒田東彦総裁。量子力学を理解すると言われる、とんでもない秀才の黒田総裁がなぜそのような馬鹿げた政策を臆《おく》面《めん》もなく続けられるのだろうか。私には理解不能である。

日経225については、今年4月下旬か5月上旬に戻り天井をつけてから、5月末にかけてもう一度下値をトライする場面がありそうだ。やはり2023年ぐらいまでは芳《かんば》しくはないだろう。

2023年がどういう日柄なのか。知ってのとおり、1989年12月末は3万8957

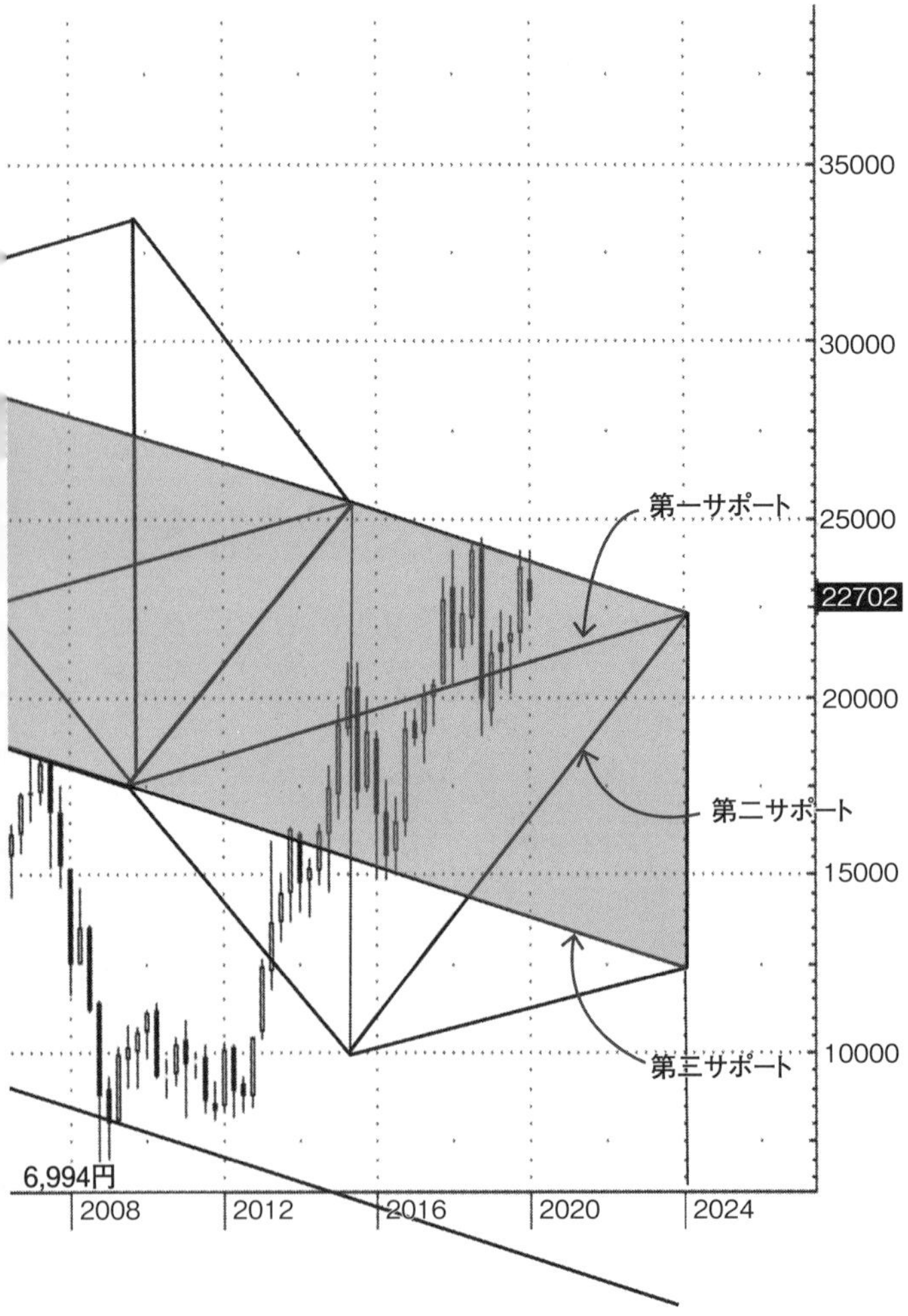
35000
30000
25000
22702
20000
15000
10000
第一サポート
第二サポート
第三サポート
6,994円
2008
2012
2016
2020
2024
©2020/WFXA

日経225四半期足（2020年2月21日現在）

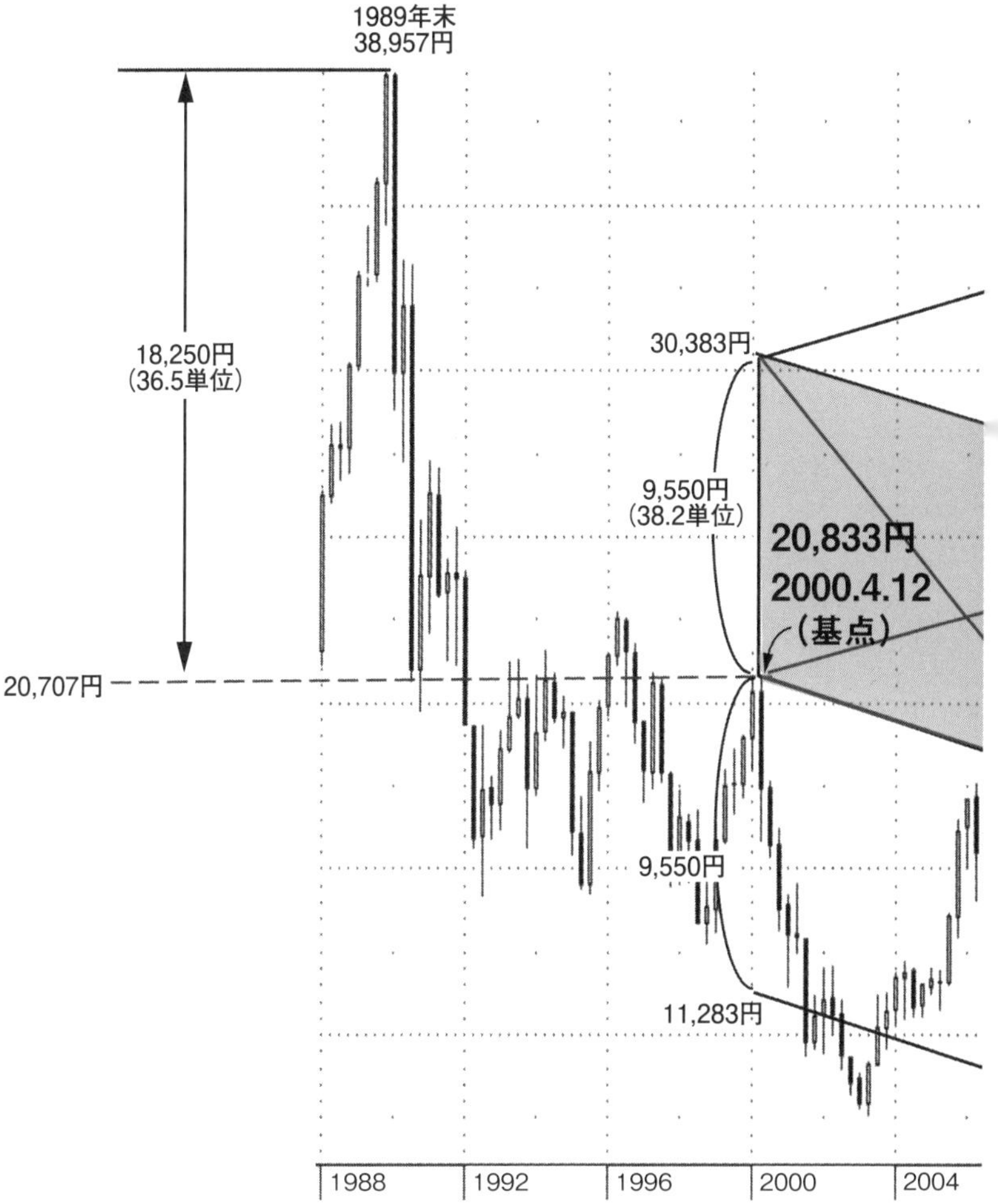

円のバブル天井であった。そこから33・75年、これは黄金分割でその倍は67・5年、その倍は135年、その倍は270年、その倍は540年ときて、この540がペンタゴンである。

540が黄金分割のベースになり、その半分の半分の半分の半分の半分が33・75。それをやり始めるとキリがないのでやらないが、ここからの33・75というのは、2023年の9月となる。先に申し上げた、ドル円の日柄65円の日柄とまったく一致しており、やはりここまでやるのかな、という気がしている。

日本は消費増税できる世界唯一の国？

いまの日本経済の調子はどうなのか。はっきり申し上げて、デフレのなかで悪くも良くもない。けれども、いまどき消費税を上げることができる世界で唯一の国だから、日本がとんでもない国であるのはたしかだろう。

そんなに日本政府が国民から信用されているとも到底思えないし、なぜ消費税増税が可能だったのか、私にはよくわからない。

だが、現実はもっと厳しそうだ。知り合いの日本の小売業に詳しいジャーナリストに聞くと、今回の10％への増税が大失敗だったことを具体的に示してくれた。
以下は、商業動態統計速報値（19年10月～12月）小売業販売額の前年同月比である。

〈2019年〉
10月　11兆900億円　マイナス7・2％
11月　11兆8670億円　マイナス2・1％
12月　13兆7580億円　マイナス2・6％

「この数字は、昨年10月に消費税が増税されてから、小売業の販売額が当初の見込みを大きく下回り、消費増税後の買い控えの影響が鮮明となったことをあらわしています。慌てた政府は一般会計負担で約6兆円にのぼる経済対策を打つと発表したが、これは本末転倒の誹《そし》りを免れないものです。

なぜかというと、政府は今回の8％から10％への消費税増税の増収分を5兆7000億円と見込んでいた。にもかかわらず、景気対策用に6兆円の財政支出をするのだから、この時点ですでに3000億円の赤字、消費税増税の意味などまったくなかったわけです。消費増税などしないほうがよかったという最悪の結果を招いてしまった。この点についてなぜ国会等で問題視されなかったのか不思議でなりません」

そう説明した彼は、政府は増税と同時にキャッシュレス化推進のためのポイント還元セールを打って、個人消費を下支えしようと目論んだが、混乱が目立つばかりであったとも言及していた。

「これも大失敗に終わりそうですね。たしかにQRコード決済や電子マネーはじめキャッシュレス決済の事業者は急増したが、肝心の決済の相互乗り入れができるシステムが構築できていないのに、見切り発車してしまった。順序がアベコベだ。

キャッシュレス先進国では銀行口座と電子マネーなど異なるサービス同士で送金や支払いができるシステムが機能している。あのシンガポールでさえQRコード決済を統一化するのに4年を費やしていることを考えると、日本は取り返しのつかない蹉跌《さてつ》をしたのかもしれません」

さらに本年に入ってからの新型コロナウイルス禍により、消費増大におおいに貢献するだろうとする政府のインバウンド4000万人という皮算用は、木っ端《こぱ》みじんに吹き飛んでしまった。

株価が下がるべき企業を〝救済〟している日銀

蒸し返すようだが、株式ETFを無茶苦茶に買いあげ、自らがクジラとなって日本の株式市場を歪める日銀の愚行は本当にいただけない。昨年3月末時点で、日銀は上場企業の49・7％の大株主（上位10位以内の株主）になっている。

日銀はそのうち23社の筆頭株主におさまっており、以下はそのうちのベスト10である。

社名	実質保有比率（％）
日東電工	15・3
ファナック	12・7
オムロン	12・5
宝HD	11・7
東海カーボン	11・0
安川電機	10・3
サッポロHD	8・0

ユニチカ　6・7
京王電鉄　6・3

私がもっとも疑問符をつけたいのは、なぜ日銀は個別銘柄で買わずに、ＥＴＦを選んだのかである。ＥＴＦを買うということは、ＥＴＦの構成銘柄すべての株主になるわけで、当然ながら構成銘柄の各々の業績には濃淡が出てくる。日銀が業績の悪い企業が組み込まれているＥＴＦを買うことで、本来なら株価が下がるべき企業が〝救済〟されることになる。

この指摘は、５年前に日銀がＥＴＦを直接買い始めた頃から取り沙汰されていたもので、そもそも中央銀行が直接株を買っていること自体が〝異常〟なのである。

中国の上海、深圳《しんせん》の株式市場は政府によるＰＫＯ（プライス・キープ・オペレーション）、値幅制限などがなされる恣意的な相場である上に、関係者がモラルハザードに頓着《とんちゃく》しないという世界でも稀に見る劣悪さで知られる。

だが、考えてみれば、日本の株式市場も中国の醜態をとがめられないほどのモラルハザードに陥っている。

中央銀行自体がまやかしと粉飾にまみれている日本の株価を信用するようなおめでたい

海外の機関投資家などいない。日本株が良いのか悪いのかをまともに議論する状況ではないのだから、目もあてられない。

恐慌の正体はレバレッジの塊の崩壊

とにかく3月の株式大暴落を契機に世界デフレがやってくる。今度はアメリカが主導する世界デフレが襲いかかってくるわけである。

日本発のデフレはアベノミクスですでに終わったかもしれない。日本の不幸なところは、アベノミクスで景気がやっと良くなりそうになったところに、今度は親分のアメリカがずっこけてしまったことだ。親分がコケれば子分もある程度はコケる。これからそういう世界に入っていくのではないか。

それでは子分の日本はどういうふうにコケるのか。

まず日経225の基本的な構図を見てみよう。

1950年8月に85円という東証再開後の最安値を付けた。

そのポイントから黄金律67・5年目の2018年1月に2万4129円の高値を付けた。

同年10月に2万4448円のダブルトップを付けた。大バブル破裂後の最高値である。

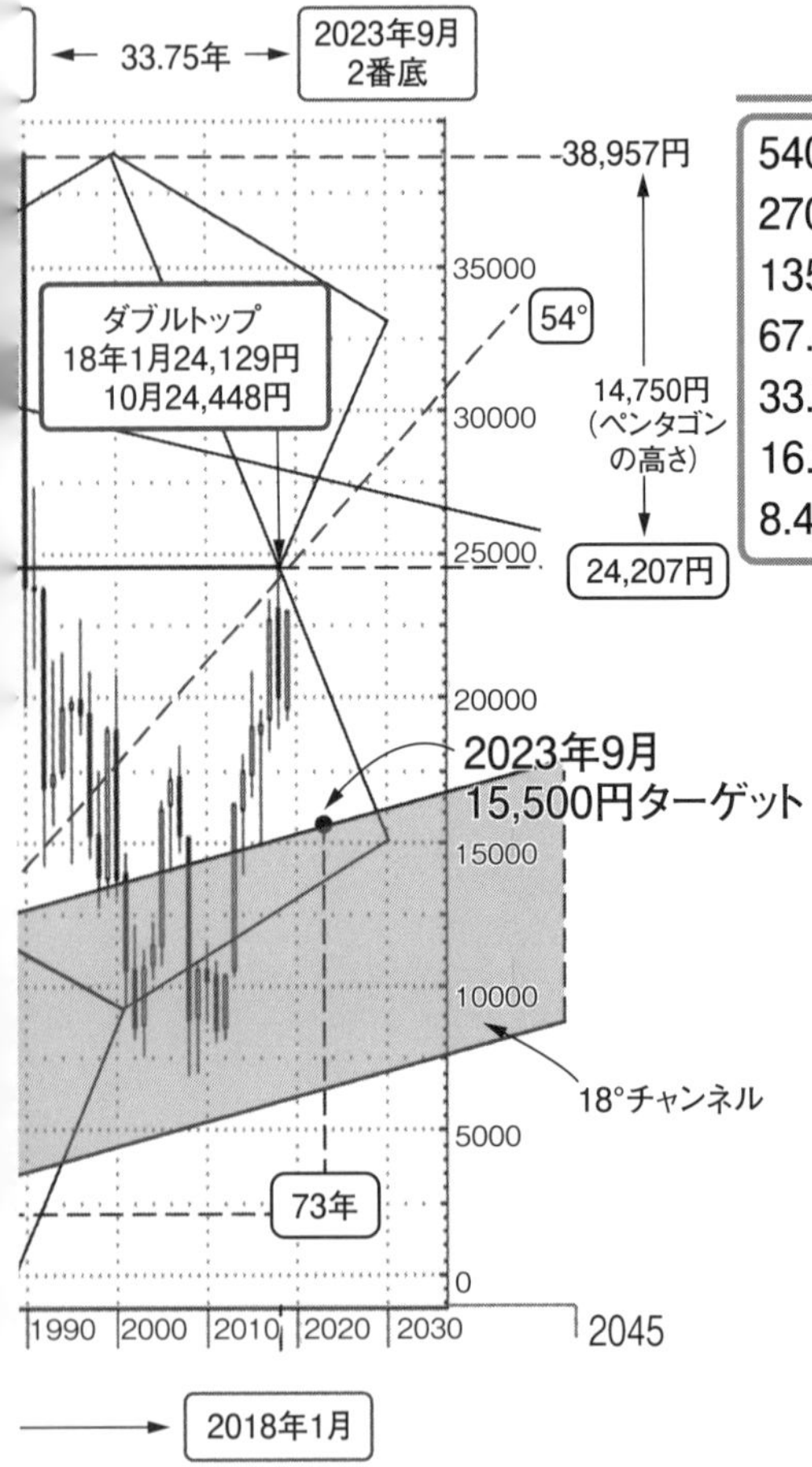

重要数字

540	161.8
270	154.5
135	80.9
67.5	95.5
33.75	73
16.875	61.8
8.4375	59
	47.75
	38.2
	36.5
	30.9
	23.6

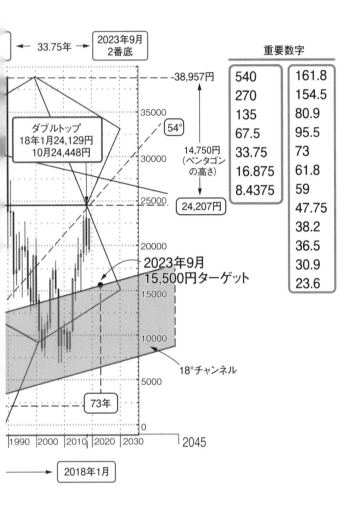

日経225年足（2020年5月8日現在）

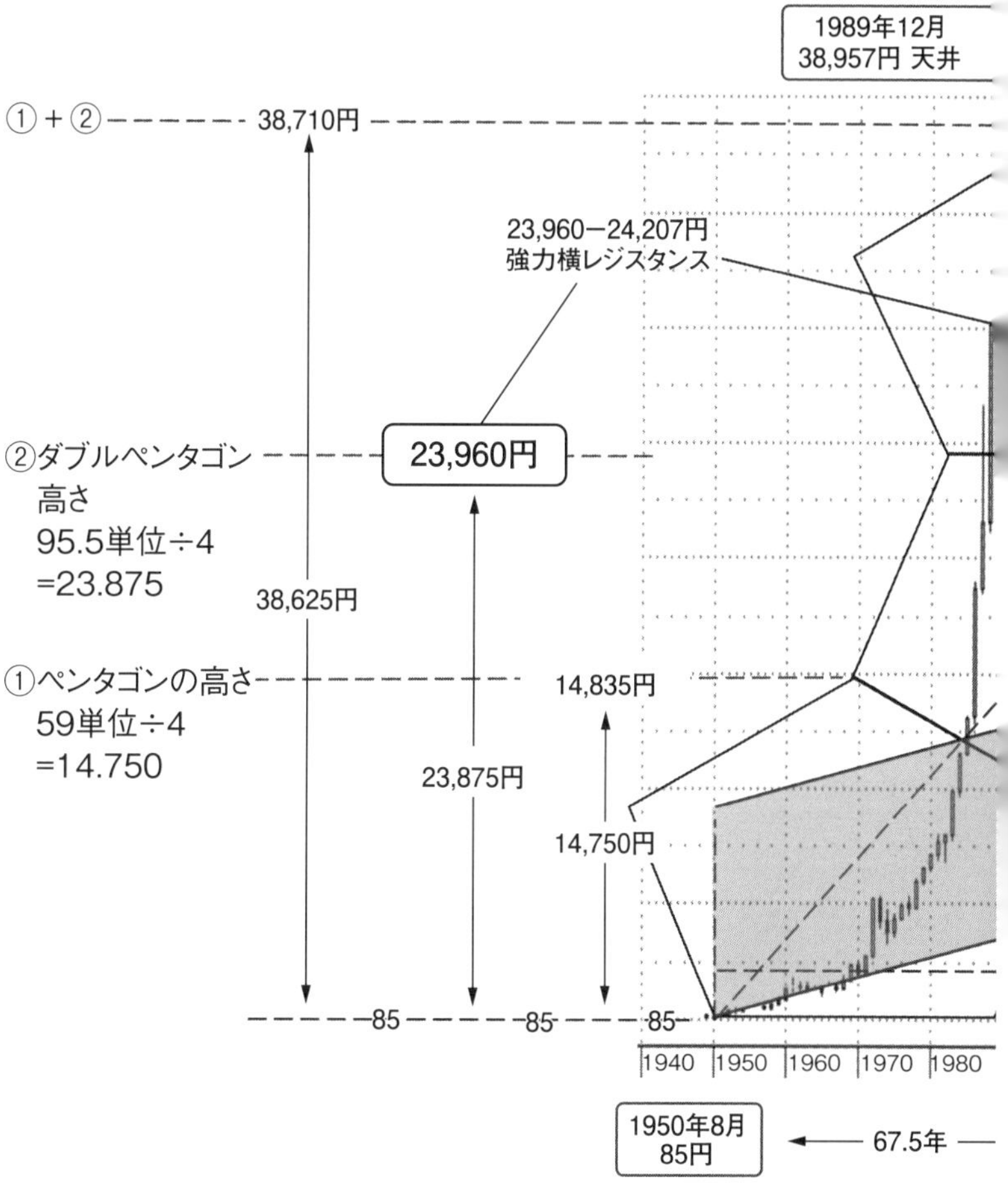

その２０１８年のダブルトップの後はひたすら下げの相場に入り始めた。２０２０年にトリプルトップの２万４１１５円を１月につけて、その後大ベア（弱気）マーケットに突入である。

この下げマーケットはいつ終わるのか。戻り天井２万４１２９円が最安値からの67・５年で示現したことを勘案すると、次のボトムは最高値すなわちバブル天井３万８９５７円をみた１９８９年末からの次の黄金律33・75年の日柄ではないかと考えた。そうすると２０２３年９月というのがその目標の時間帯である。

これは同時に最安値１９５０年８月の85円からの73年（36・５単位）という美しい日柄である。これはさらに見ると、２０１８年１月の最安値からの67・５年の節目の高値２万４１２９円からの短月73カ月（長月67カ月―５年７カ月）にも整合する。

さらに言えば２０２３年９月は、ドル円が65円を付ける日柄である。

宇宙で惑星が一直線上に収斂するがごとく、重要日柄が蝟集《いしゅう》するのが２０２３年９月である。

では２０２３年９月にどこまで日経平均は下がるのか。グレーゾーンの一番天辺まではやりそうだと思う。その場合は１万５５００円がターゲットとなるが、世界大恐慌の割には、被害が小さいかもしれない。大恐慌に相応しい安値はグレーゾーンの下限6000〜7000円だが、果たしてどうか。

けれども、レバレッジをかけていないから、被害自体はあまり大したことはないだろう。日本はアメリカのような甚大な被害を被ることはない。アメリカの株はレバレッジの塊だから、レバレッジの塊が崩壊し始めたら中途半端な被害では済まない。恐慌になってしまうのだ。

デレバレッジング（レバレッジを解消する動き）で、下がれば売る、売れば下がる、また下がればまた売る、という逆回転の激流が起きる。これが恐慌の正体だ。

したがって、景気がどうこうということとは別に、どれだけレバレッジが入っているかが問題なのだが、それは表にはっきり出ないからわからない。これだけの金余りの時代だから、みなべらぼうな借金をして、レバレッジをかけて株を買っているのがアメリカなのである。

これが崩れだしたら、2万3000円いくらが1万5000円に落ちて済む日本株みたいな生温い結末では終わるはずがない。天地がひっくり返るくらいの悲劇が待ち受けている。

日本の場合、生ぬるいとはいえ、実際に大円高1ドル＝65円になったら、衝撃を受けて、それなりの株安にはなるということだ。

2023年大円高が終了、円相場は趨勢的な下落をたどる

2023年までに1ドル＝65円の最高値まで上昇した円は、今度は一転して円安にふれる。その背景は特にない。360円から来た円高は、295円走って65円で終わるのが相場の定めだからである。

もちろん、それでは説明がつかないので、マスコミやエコノミストはそれらしき背景を作り上げる。そのなかでは、日銀の愚行が円の信認を揺るがすからだという説明などはわかりやすい。今回の日経平均の大暴落を受けて、日銀はそれまで年間6兆円だった株式ETFの買い入れを年間12兆円に倍増した。日銀が大株主となっている企業は上場企業の半数を占め、ETFの残高は30兆円近くにもなる。

日本では中央銀行が株式市場に過剰に介入している。日本の株式市場は中国並みに歪んでいると、世界の機関投資家から認識されても仕方のない愚かなふるまいを日銀は臆面もなく続けている。

そろそろ世界の機関投資家は日本を見切りつつあるようだ。それは2014年以降から

17年を除き、機関投資家は日本の株式市場に対して売り超となっていることでもわかる。資金を引き揚げつつあるのだ。それでもここ数年は、圧倒的な日本の機関投資家の海外投資の巻き戻しの円高が支配して65円の相場を見に行くのである。

このような要因も絡みながらそれまでの大円高から、一気に大円安に襲われる現象が起きる。２０２４年くらいで大円高は65円で終わり、そこからは長い目で見れば３６０円へ回帰の大円安へと向かっていく。

ただ３６０円に向かうときには、日本はインフレに向かっているはずだ。

為替相場は65円で円の天井を見る。そのポイントから為替相場に引っ張られて日本がデフレから脱却するのである。そうすると円安⇓インフレ⇓円安という回転になり、長期的なトレンドがインフレに転換するのである。

本当はアベノミクスでこれをねらっていたのだが、何せ人為的円安では本当のインフレにはならない。円相場が走り切る２０２４年以降、人為ではない、宇宙のルールで円安が進行する。

つまり円が切り下がることにより、円の実質購買力が落ちる。すると、インフレになって借金の実効価値が落ちる。借金はそのままだけれど、インフレで借金の実質債務が減少する。

アベノミクスは2013年からデフレ退治をしようとしたが、最終的なデフレ退治は、世界デフレのなかでそれは所詮難しかった。デフレをやっと抜け出したかと思っていたら、世界のデフレに引っ張られてしまった。世界デフレに晒された結果、65円を招く。

65円台まで円高が進むなか、日本はデフレの二番底へと向かうだろう。それまでに、日経平均株価は1万2000円程度まで下落する。当然ながら、65円という超円高になれば、マーケットはパニック状態に陥る。

ヘリコプターマネーの導入

さすがに、日本政府も黙って指をくわえて見ているわけにはいかない。しかし、金利はマイナス圏、財政赤字も深刻な状況なので、打てる手は限られてくる。そのとき、私がかねがね述べているヘリコプターマネーの導入がいよいよ現実味を帯びてくる。

説明しよう。従来、日銀が続けてきた国債の買い入れ方法とは、新たに発行された国債を、日銀が直接買い付けるのではなく、最初に銀行が新規発行された国債を購入、その後、債券市場に売却したものを日銀が買い付けるというスタイルを採ってきた。

なぜそのような面倒な手続きを踏んで、日銀は国債を買い入れなければならないのか？

国（財務省）と日銀、銀行が規律を守っているように見せるためにほかならない。芝居である。銀行が国民から集めた資金の範囲内で、国債を財務省から買い付けていることにしたいからである。そうすれば、銀行が国民の貯蓄で国債を買っているのだという図式が成り立つ。

だが、次に日銀が非常事態に陥ったとき、要はデフレ、円高、株安で追い詰められたとき、最速で景気浮揚効果を狙わなければならないのなら、従来のような面倒な〝芝居〟は必要ないはずだ。財務省から直接、日銀が新規発行された国債を買い入れればよいのだから……。

もっともこの時点において日銀は株式市場に中国並みの過剰介入をしているわけだから、もはや規律もへったくれもなくなっているだろう。この中央銀行による国債の直接引き受けをヘリコプターマネーと呼ぶ。

従来の日銀の国債買い入れと、あいだに銀行が介在しないヘリコプターマネーには大きな差異が存在する。銀行が国民の貯蓄で国債を購入し続けるには、限界があり、それに対してヘリコプターマネーはほぼ〝無尽蔵〟の購入が可能となるからだ。

言わずもがなだが、従来スタイルの日銀の国債買い入れについても、また困難となる。それを解決するためには、日銀が直接、財務省発行の国債を買う、ヘリコプターマネーを導入すればいいわけである。

ちなみにヘリコプターマネーというネーミングは、元ＦＲＢ議長であるベン・バーナンキが、ＦＲＢ理事に就任した直後の２００２年に行ったスピーチに由来する。

そのスピーチの内容は、「景気がもうどうにもならなくなったときは、ヘリコプターからカネをばらまけば、景気は確実に浮揚する」というものであった。

ヘリコプターマネーを提唱したベン・バーナンキが「ヘリコプター・ベン」というあだ名も付けられたことはよく知られるところだ。


私は２０２３年に65円まで円高になるとずっと前から言っているのだが、それは私が決めているのではなくて、チャートがそう示しているからである。

申し上げているような惨状に際して、さすがの日本政府もどうしようもなくなる。日経平均株価は先刻述べたように１万２０００円まで落ちる。ドル円は65円になる。

極まった日銀によるヘリコプターマネーの実施により、市中には湯水のごとくマネーが出回る。

それだけではインフレにならないが、ちょうど、大円高が終了して為替相場が円安回帰を始めることにより、日本はインフレ経済に突入する。

副作用もあるけれど、円安回帰とヘリコプターマネー導入で、日本は完全にデフレから脱却し、景気も好転する。２０３０年くらいまで好景気が続き、この間に日経平均株価は反転上昇、急騰して4万円を達成するだろうというのが私の見立てである。

なぜそうした流れが生まれるのか。

戦前の歴史を振り返ると、１９３１年に高橋是清蔵相がヘリコプターマネーを実施し、そこからの株の上昇は凄まじかった。それまでデフレで沈滞していた経済が、低金利と大量公債発行のリフレ政策を採用して、一気にインフレへと流れが変わった。その再現が２０２２年から２０３０年までの7～8年間であり、日本株のもっとも輝かしき上昇局面が訪れるのではないか。

振り返って、1ドル＝65円の日本はいったいどういう国になっているのか？　想像がつかず不安にかられる人もいるだろうが、たいしたことはない。かつての1ドル＝80円のときと同じだ。65円がついても、すぐに80円になってしまう。要するに、極端な相場は長続きしない。だからといって実現しないというわけではない。円高が終わるためには極端な65円を見る必要がある。見るだけでよいのだ。その65円に居続ける必要はない。

65円まで進めば為替の円高バブルは終わりで、円高バブルはそこで破裂する。

今回のアメリカ株の暴落みたいなもので、円高バブルが破裂して暴落するスピードは恐ろしく速い。121円までは速いだろう。

孫正義氏には地獄のような世界が待っている

トランプ大統領ともっとも親交のある日本の経営者は誰か？　そう聞かれて10人中7、8人は孫正義氏だと答えるであろう。

その孫氏が昨年9月28日のニューヨークタイムズでこっぴどく叩かれていた。記事のタイトルは「SOFTBANK'S DISRUPTIVE DESIGN UNRAVEL（ソフトバンクの破滅的ビジネスモデルが明らかに）」

同記事を説明すると、以下のようなことが書かれていた。

「このところウーバーやリフトなどの大口IPO（株式公開）後の株価大暴落は、これらの企業のバリュエーション（評価額）が異常値まで買い上げられていたことが背景にある」

孫正義氏の1000億ドルのヴィジョン・ファンドもやり玉に上がっていた。

「孫氏のような投資家がIPO前にいわゆるユニコーン企業に投資マネーを注ぎ込み、株価水準を高めいっぱいにまで吊り上げるため、株式公開しても株価は上がるどころか、公開直後に30〜40%も下がることが普通になりつつある」

あまりにも孫氏を中心とする投資家たちが相場を買い上げすぎたというわけだ。

また「WALL STREET BALKS AT START－UPS」は同日のNYタイムズの記事を受け、ウォール・ストリートのスタートアップ企業に対するアペタイトが急低下していると報じた。

その背景にはウィーワークのIPOの失敗（延期）のように、孫氏のような投資家が異常にバリュエーションを押し上げたことがある（20BILドル・2017年→47BILドル・2019年1月）。

言葉を換えれば、孫正義氏は株式投資家たちのとっておきの錬金術を台無しにしてしまったといえよう。


いままでの孫正義氏の手法は目ぼしい企業をどんどん買い込み、ありとあらゆるレバレッジをかけていくというものである。それが大当たりしたのがアリババへの投資であった。20億円の投資で11兆円のキャピタルゲインを得たのだ。

それはそれですごいことなのだが、私ならばそれだけ人間がツイてしまうと、同じことはやってはいけないと考える。

しかしながら、20億円が11兆円になるという僥倖《ぎょうこう》に与《あずか》っても、さらに前に行くというのが孫正義氏である。二匹目のドジョウを狙って2017年に設立したのが100ビリオンドル（10兆円）を運用する「ソフトバンク・ビジョン・ファンド1」。最大の出資者はサウジアラビア政府系の公共投資ファンド（PIF）で450億ドルを提供した。

シェアオフィスのウィーワークへの投資は大失敗であった。さらに孫氏は禁忌を犯した。インベスターは会社の経営を助けるために資金を出してはならない。インベスターとは投資をして、その会社に経営を任せて、それで結果を待つのが、本来の姿であるからだ。

そこへ孫氏は1兆円もの手金を入れた。これはもはやインベストメントではない。インベストメントであれば、儲かるか、あるいは損をしたら損切りするかだ。そこへ感情移入して、カネを注入するのは明らかに異常である。

孫氏は衰えたのか、ボケたのか。そうではなくて、彼は負け方を知らなさすぎるのだろう。

私はそんな彼をトランプみたいだなと思った。トランプも負け方を知らない人間だ。常にブラックジャックのダブルダウンしかしない。そして失敗しても、決して「すいません」と謝らない。孫氏も「すいません」と謝らないで、逆にウィーワークに1兆円も入れてしまった。だいたいそんなことをしてもいいのか。ソフトバンクの株主は何も言わないのかと思っていたら、今年2月に米エリオット・マネジメントが2・2兆円規模の自社株買いを求めてきた。

ソフトバンクはもともと投資会社みたいなもので、その投資が大化けしたような感じだ。けれども、投資だから大損することだってありえる。3月の株価大暴落を契機にこれからは世界中がデレバレッジに突入、デフレ一色の世界となるのがはっきりした。レバレッジで財を成した人には地獄のような世界だろう。

したがって、私はレバレッジの王様であった孫正義氏はきわめて危ないと考えている。これからは基本的にはずっとデレバレッジ（過剰債務の削減）が進む。つまり恐慌に向かっていく、まさしく逆回転の世界が待ち受けている。

だから、アベノミクスも逆回転だし、この10年間の最後のバブル生成も逆回転する。逆回転すると、少なくとも株価は3年程度は下落し続ける。ということは世界の株式マーケットから8割から9割のお金が消滅してしまう。

実体経済が影響を受けて大幅にスローダウンすると、信用不安が現出してくる。売りが売りを呼ぶ。株価が暴落する。突如としてマネーが消える。いままでブックに載っていたはずのアセット側の評価が急激に減る。膨らみ過ぎたマネーを減らすためには株価が暴落するのが一番早いわけである。それをいま相場が断行しようとしている。

日銀のマイナス金利政策に苦慮する日本人投資家

ドル円については、昨年は年間変動幅の最小記録を更新した。4月にたしか112円ちょっとまで上がって、8月に104円に下がったから、年間をとおして8円ぐらいしか動かなかったことになる。

通常はだいたい年間約20円平均で動いていたのが、この2～3年はまったく動きを止めている。

なぜか？　日銀のマイナス金利政策がもたらした影響といえる。当たり前だが、金利がマイナスでは投資家は儲からない。日本人の投資家の場合は最悪で、円をどうしようもなく持っているにもかかわらず、円モノ（金融商品）はまったくお金にならない。仕方がないので、機関投資家は集めたお金を海外に持っていくしかない。

いまはちがうけれど、昨年であればアメリカのトレジャリー（10年国債）を買えば、いちおう1・何パーセントは金利が付いた。30年物では2％の金利が付いた。

一方、メキシコペソは国債だと7・5％も金利が付いた。ただそのかわり、メキシコペソで買わなければならないから、円を売ってペソ買いをするという為替リスクに晒される。

為替のペソに対する円高リスクでやられてしまう恐さがあるのだが、これを3年やると為替リスクで発生するマイナスよりも金利7・5％のプラスのほうが大きくなる、ほっておいても金利差で損をしない、とある日本人投資家から聞かされた。

だから、さらにうまくやろうと思えば、メキシコペソに対するヘッジを外したりヘッジしたりすればよい。たとえば円高になりそうなときには、バッとヘッジする。このように機敏に動くならば、相当利回りが良くなるわけである。

いずれにしても、日本国内では絶対に儲からないから、トルコに行ってトルコリラを買ったり、とんでもないジャンク通貨を買ったりして、円高リスクに目配りしながら金利で稼ぐぐらいしか儲ける手立てはなさそうである。

何人かの日本人の個人投資家に会ったけれど、さすがにアルゼンチンを対象にしている人はいなかった。アルゼンチンだと年間インフレ率が300％だから金利も凄いけれども、すでに通貨価値がどんどん暴落しているから、さすがに手出しできない。

アルゼンチンに較べると、メキシコペソは比較的為替が落ち着いている。あるお金持ちの日本人投資家は、メキシコペソでべらぼうに儲かっていると明かしてくれた。7・5％の利回りを取るというのは、いわゆるＦＸで毎日毎日金利差が返ってくる、スワップ・プロフィットが毎日毎日入ってくるため、利息だけで年間2億円も手にしたそうだ。

まあそれぐらい大きく賭けているのだろうが、7・5%とはとてつもない金利収入を生むレベルであるわけだ。逆に言うと、とてつもない為替損を食らうリスクを孕んでいる。

いま取り上げたのはほんの一例だが、それでも日本みたいにマイナス金利の国の人間は、とにかく知恵を絞って、お金を外に持っていき、円を売って稼ごうとしている。

円ショートポジションの巻き戻しが始まるとき

講演会などでは以下のような話をしている。

金利ゼロの円が海外で、ファイナンス通貨として用いられているのをご存知だろうか？説明しよう。円建てで資金を調達し、それを外貨建てのリスク資産に投資するのだ。これを一般的には「円キャリー取引」と呼ぶ。

マーケットリスクに晒される投資であることから、調達金利は安いほうがいいことになる。ファイナンス通貨である円は、実際にその場でファイナンスに使われるかどうかは別として、マーケットがリスク・オンの状態では円を借りて投資する人が増えるという発想から、円安に振れることが多い。

反対に、リスク・オフのマーケットになれば投資した資産を処分して、借りていた円を返済する発想で円が買われ、円高になることが多い。とりわけ外国株式のパフォーマンスに連動することが多い。

こうした証券投資用の円ショートポジションがどれほどの規模なのかを推測するのは難しいけれど、おそらく少なくとも数十兆円はあるだろう。

また、円は証券投資としてではないファイナンス通貨としても使われている。

2000年代の半ば、欧州南部スペインなどが猛烈な住宅バブルを経験したときに、住宅の購入者に対して円建ての住宅ローンを提供するのが流行った。金利はタダのようなものだから人々は争ってこのローンを利用した。もちろん住宅購入者は、そのローンが円ショートポジションになっているという認識はない。ただ金利が安いから利用したのである。

ところが、ローン返済のときに円相場は暴騰しており、借りた金額の何倍もの返済を迫られたという。世の中、本当にタダより怖いものはないのである。

要するに私が申し上げたいのは、1ドル＝100～110円などというとんでもない円安の水準が長続きしている裏には、猛烈な為替リスクが潜んでいるということである。

大掴みにいうと、いま日本の機関投資家は何百兆円単位で外貨を買っている。そうすることで円高にならないようにしている。この相場がずっと均衡を保たれているかというと、ほとんどが〝人為〟で支えられている。実際は薄氷を踏むような状況である。

だから本当に円高になりだしたら、この何百兆円相当の為替のポジションがみんな損を出すことになる。人為でそういうことをやっている人は必ず痛い目に遭うわけである。

問題はそれがいつやってくるかだ。

ただでさえ、いまの外国為替市場には、巨額な円売りポジションが滞留している。というのも円で運用しても金利がつかないため、日本の金融機関、機関投資家が円で調達した資金を売ってドルに替え、外国株式や外国債券で運用しているからである。その額は2018年9月末で473兆円にものぼっていた。

世界中に滞留した円売りポジションが、数十年に一度、大爆発することがある。直近の例では、1995年4月の1ドル＝79円75銭が典型であった。このときは95円を割れたあたりから、世界中の円売りポジションの巻き戻しが始まり、最後は東南アジアの中央銀行が猛烈な円買いを仕掛けたことで、急激な円高が進んだ。

いまも世界中に巨額の円売りポジションがあることから考えると、どこかの時点で円売りポジションの強烈な巻き戻しが行われる可能性は十分にある。NYダウの急落がその引き金となり、株価がボトムに向かう途中の2023年あたりに向け、1ドル＝65円が示現するというのが、私の大局的な相場観である。

金利を上げれば健全な競争が生まれる

これまでは世界全体がカネ余りだったから、新興国でもなんとか回っていたけれど、コロナ・ショックを機に経済が逆回転になったいま、新興国にはクレジット・クランチの懸念が常につきまとうことになる。

そんな世界デフレのなか、日本のように圧倒的に貯蓄のある国にのみ許される景気刺激策がある。

正確に何％にするかは検討を要するが、とにかく金利を5％以上に上げてみるのだ。日本は世界のカネが余ろうがそうでなかろうが、ふつうに回っていく。日銀が余計なことをしなければいい。

日本は国民がべらぼうにカネを持っている。それゆえ財政赤字がこれだけ巨大であっても問題はないわけである。

だから、こんなときこそ、いっそのこと日本は金利を上げるべきではないか、というのが私の考えである。

これをやると当然ながら、ゼロ金利にあやかって超低空飛行を続けているゾンビ企業は生き残れなくなる。日本国内に健全な競争力が蘇るわけである。ゾンビ企業がゼロ金利で借金をしているかぎり、まともな企業は儲からない。またゾンビ企業が潰れたら、一気に人材の流動化が加速するではないか。

そして、一般国民は資産の再投資ができるようになる。仮に5％の金利になったら、940兆円の預貯金が猛烈な勢いで増え始める。

どうでもいい企業は潰す。国民の資産は高回転し始める。ますます国民は豊かになり、消費はどんどん増えるという好循環が生まれると私は考えている。

つまり、デフレの世界は〝逆転〟の発想でいくしかないということである。

日銀と政府が打つ、姑息かつ日本の名誉と信用を毀損するような政策ではどうにもならない。日銀が異次元緩和を打ってもう6年以上が経ったけれど、目立った成果は得られず、言い訳に終始し、完全に袋小路に入ってしまった。

ならば一気呵成に逆転の発想で金利を5％に上げてみてはどうか、という次第だが、政府も日銀もそんな度胸など持ち合わせているはずもない。

第4章

没落する資源国

コスト割れで大ピンチを迎えた米シェールオイル

NY原油が急降下している。何が起こっているのかよくわからないけれど、結果的にターゲットはアメリカではないかと思われる。

この10年間、OPECとOPECプラスは懸命に原油の生産コントロールをしてきた。結果、石油価格が下落するとともに、アメリカにシェアを奪われてきた。もはやこうした状況に我慢できなくなったのが、ロシアとサウジアラビアである。

3月上旬、ロシアとの協調減産についての交渉が決裂したのを契機に、サウジは大幅増産をアナウンスした。ロシアも徹底的に増産すると表明、安値競争に拍車がかかった。

原油先物はそれから半月で一気に5割も下落、24ドル周辺で取り引きされており、これは約18年ぶりの安値だ。ロシアとサウジの投げ売りが続くかぎり、アメリカのシェールオイル企業は死線をさまようことになるのだろう。

日量1500万バレルのシェールオイルを生産するアメリカは、いまや世界一の産油国になった。シェールオイルは油田から汲み上げる従来の産油国の原油とは、まったく採取法が異なる。溜まっているのでなく、岩盤層のなかに沁み込んでいるオイルをフラクチャ

NY原油先物四半期足（2020年2月26日現在）

©2020/WFXA

リングと称する超高圧の水をぶつける方法で、そこから無理やり取り出すものである。

ということで、フラクチャリングのために膨大な設備投資がかかるうえに、凄まじい廃水を発生させることから深刻な自然破壊をともなう。とにかくシェールオイル事業は半端でない金食い虫である。

そんなことからアメリカのシェールオイル事業については、ハイリスクと判断した大企業はあまり首を突っ込んでいない。中小企業が猛烈に短期の金を借りて設備投資をして行っているのが実相だ。

ところが、亀裂をいれてオイルを採取する岩盤層が浅いので、1~2年でオイルが枯渇してしまう。

それでまた新しい場所に設備投資をしてオイルを採取しなければならない。常に設備投資をかけないと回らない商売なのである。

以上の理由から、アメリカのシェールオイル企業の採算ラインは40~50ドルで、3月下旬の24ドルでは完全にコスト割れとなり、信用不安の問題が必ず出てくるはずだ。

油層が短期間しか持たないため、常に資金調達しながら回さなければならない。言ってみれば、空前のカネ余りのなかでいくらでもカネを借りられる環境でしか成り立たないビジネスモデルである。中小の掘削業者は、そこで金利の高いジャンクボンド発行でカネを借りながら自転車操業をしているのだが、ここまで原油相場が落ち込んでくると、シェールオイル関連企業は開発中止に追い込まれる可能性が高い。

繰り返しになるが、常に馬車馬のようにお金を借りて、設備投資していないと回らないのがアメリカのシェールオイル産業。ロシアのシベリアやサウジの油田とはまったく違って、懐が浅い。いかにもアメリカらしいではないか。

これまでトランプはアメリカが世界一の産油国に躍り出たことに鼻高々であったけれど、一転してシェールオイル産業が成り立たなくなるような危機を迎えることになる。これまでいい風に回ってきたものが全部逆回転している。安倍首相も同様、これからアベノミクスが逆回転する運命が待っている。

２０２０年4月1日、米シェールオイル生産のホワイティング・ペトロリアムが、米連邦破産法第11条（民事再生法に相当）の適用を申請したと発表した。原油相場の急落による上場企業の破綻の第1号だ。かつて同社はノースダコタ州バッケン地域で最大のシェールオイル生産業者だった。

やはり現在の原油相場では、アメリカのシェールオイル企業はとても太刀打ちできない。

そして4月20日のニューヨーク商業取引所は激震に包まれた。ＷＴＩ原油先物価格（5

月物）に史上初のマイナス価格が付いたのである。1バレル＝マイナス37・63ドル。この歴史的な暴落の要因は、新型コロナウイルスの世界的な感染拡大でエネルギー需要が急減、かつ原油貯蔵スペースが限界に達したためと言われている。

トランプはサウジアラビアからの原油輸入の停止を検討すると示したが、動揺は隠せない。彼は2月4日の一般教書演説で次のようにぶち上げていたからだ。

「大胆な規制緩和のおかげで、アメリカは世界一の原油と天然ガスの生産国になった。エネルギーを他国に依存せずにすむようになった」

なんという皮肉だろう。世界一の産油国になったアメリカの生産コストはサウジの10倍で、しかも今後の需要拡大も見込めない。こうなると、シェールオイル企業が採算割れどころか、一斉に倒れる可能性が高い。

私はこれが今次、恐慌第2弾のスイッチを押すかもしれないと考えている。先にも述べたが、シェールオイル企業は格付けの低いジャンク債を膨大に発行しており、今後はデフォルトの嵐になることが予想される。それを所有する金融機関をＦＲＢが必死で支援するのだろうが、どこまで通用するのかはわからない。

金価格はデフレのときに上がる

このコロナウイルス禍で、株式はバブル破裂で暴落がらみ、さらには世界各国でクレディットの高い債券利回りもゼロ金利となり、ジャンクボンドなどのクレディットリスクをとらない限り投資対象を見つけるのは難しい。これからのデフレ不況でクレディットリスクはとりにくい。

そこでクレディットリスクなしのマーケットリスクのみの投資である金が重要な投資対象となる。さらにこれから起こる大幅なドル安のなかで、その代替である金が急騰することはまず間違いないだろう。

いまや世界中で株が暴落するわ、債券も利回り０％だし、どこにもお金を持っていくところがない。どうせ金利を生まないなら金だろうということになるし、しかも世界中でこれからドルが下がると思うと、金は通貨でもあるわけだから、ドルの代替通貨として価格はどんどん上がってくるはずだ。

株が暴落すると、そこから避難する場所としてもデフレの金ということになる。金は実際には資産デフレのときこそ本領を発揮する。１９２９年の世界恐慌、２００８年のリー

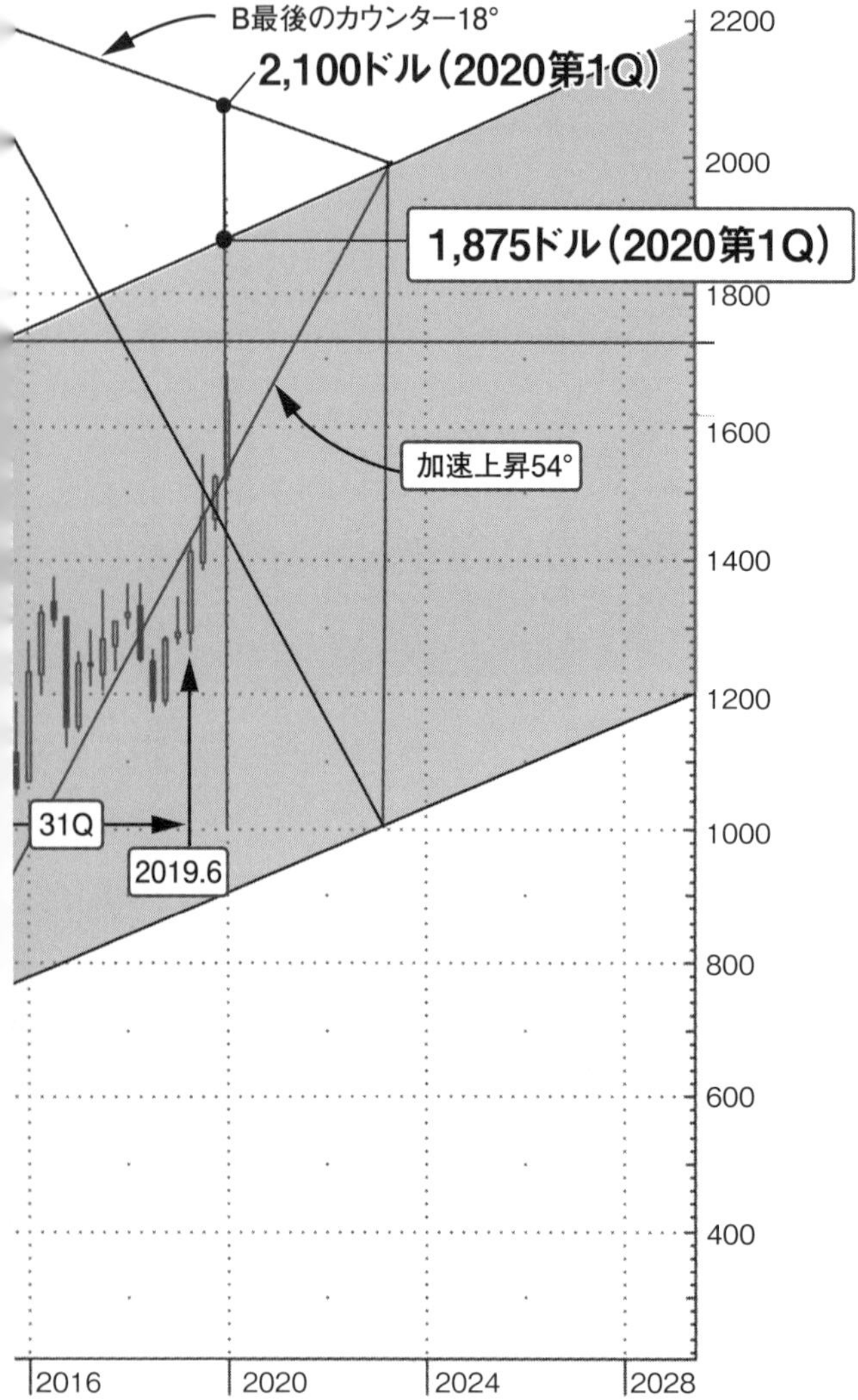

B最後のカウンター18°
2,100ドル（2020第1Q）
1,875ドル（2020第1Q）
加速上昇54°
31Q
2019.6
2200
2000
1800
1600
1400
1200
1000
800
600
400
2016
2020
2024
2028

NYゴールド四半期足（2020年2月26日現在）

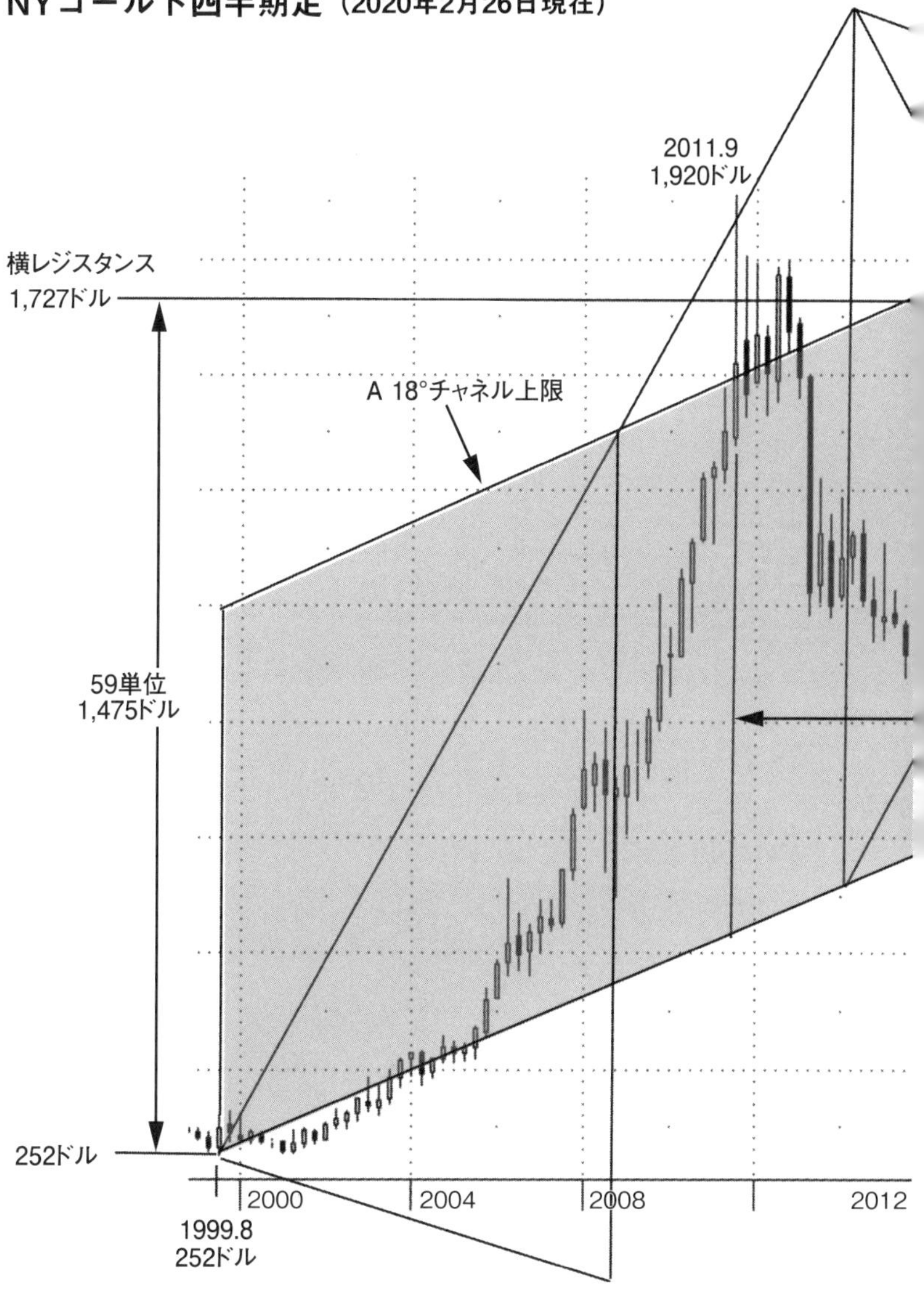

マン・ショックでは、いずれも金が買われ、価格は暴騰した。今後3年間、アメリカ株や日本株が下落するなか、再び金が見直されるのだろう。もうすでに高騰の緒についている金はさらなる高値を目指して暴騰することになるだろう。

金はインフレに強い資産ではないのかと勘違いしている人がいるが、実際は金はデフレに強い。リフレでなくデフレである。金はデフレのときに上がる。ということで、これからは暴騰するのではないかと私は見ている。

それでNYゴールドについては、とりあえず18度チャネルの天井に第1四半期で行くと、1875ドルぐらいのところに届く。ザラ場では1780ドルぐらいまでやった。

たとえば4月末の相場が1600ドルをしっかり超えたとなると、流れからいってこれは2020年後半から2021年に向けて2011年9月の高値1920ドルに向けての上昇となろう。1920ドルの高値を更新すると、あっという間に2100ドル、2200ドルあたりまでやって見せて、とりあえず今回の相場の限度に到達。そこから暴落するといった感じになりそうだ。それが今年から2021年前半ぐらいにかけての流れだと思う。

アメリカの株が本当に崩れて、GAFA神話が消滅したときには東京金は1万円を超えてくる。そのときの為替相場は65円で、NY金がいくらぐらいになるかというと、

4800ドルになる。いまの東京金は6000円ぐらいだから、東京金も倍になって、まさに夢のゴールドになるだろう。

したがって、2100ドルレベルなどは取るに足らないわけで、4800ドルまで行ってしまう。

目先とりあえず金は、これから2000〜2100ドルに向かう。100ドルだとか50ドルだとか、急落することもあるけれど、基本的には落ちたところを買うものと考えていただくといい。

いま金は、上がったら買え、下がっても買えというマーケットになっていて、明らかに変わってきた。どこに行っても買いだというような感じになるのだろう。資金力があれば買いしかない。次のようなシナリオがあるからだ。

2023年には恐るべき高値の金

アメリカの株式市場から時価総額十兆ドルが蒸発し、いまだかつて経験しなかったブラックホールに吸い込まれるような感覚に襲われている元凶とは何か？　突き詰めれば、やはり中央銀行の蹉跌だろう。それではなぜアメリカの中央銀行にあたるFRBは失敗したのか。答えは簡単だ。金本位制がなくなったからである。

1968年に金が二重価格制になったときにブレトンウッズ体制が崩れて、FRBのマネーサプライは金から完全に外れることになった。それ以降、〝人為〟でもってマネーサプライがなされてきた。政治的圧力などさまざまな理由（しがらみ）から、FRBはどんどんマネーサプライを増やしていった。

実体経済をはるかに上回ってマネーサプライが膨らむと、リーマン・ショックが起きた。パニックに陥ったFRBは、2008年に量的金融緩和政策を発動、さらにマネーサプライを膨らませ続けた。それからおよそ10年、パンパンに膨らみ過ぎたマネーによる資産インフレが限界に達し、実体経済に見合った規模のマネーに戻ろうとする動きが、いまのブラックホール状態なのである。これが今回のアメリカの株価暴落、ひいては今後起きるであろう恐慌の意義だと思う。

今後3年ほどの間にふたたび、みたび暴落が起こり、アメリカの株式市場のマネーの量が蒸発し、ようやく実体経済と釣り合いがついたところで底を打つのだろう。本書で記してきたとおり、私の見立てでは、NYダウは今年2月の最高値から50％ダウン、NASDAQに至っては同じく今年2月の最高値から70％ダウンが見込まれる。加えて、ドル円は65円の最安値となるだろう。

そこまでボロボロになったところで、賢い人は何を考えるのかというと、同じ間違いは二度としてはいけないということだ。だから、もう二度と人為でマネーを出鱈目に、野放図に膨らませるような真似はできないようにしようと。すると選択肢としてありうるのは、そして浮上してくるのは、やはり金本位制なのである。

もちろん金本位制といっても、昔みたいに多量の金をもってその倍数でマネーサプライを決めるのではなく、金が元になってそこにレバレッジをかけてマネーができる仕組みをつくらなければならない。とにかくマネーサプライのベースは金。かつての金本位制のときのように、金の分しかマネーサプライは出せないというのではなく、ここに相当なレバレッジをかけるのである。

これがジェームズ・リカーズの『ドル消滅』（朝日新聞出版）の内容なのだが、そうなったときにどういう事態が想定されるのか？　曲がりなりにも金本位制の復活となれば、まず、金価格がこれまでにない高みに上昇するのは確実だろう。

こういう世の中だから、関係者が金本位制に戻るとちょっと口をすべらしたり、公式の国際会議などで取り上げられたりして、それにクレディブルな背景があれば、金価格は暴騰する。１０００ドルとか２０００ドルといった生やさしいものではなく、１万ドル、２万ドルになりかねない。金、恐るべし、である。

現在、世界各国の発行しているマネーの量は、各国が保有している金の量に対してとんでもないレバレッジがかかっているわけである。資産価格の下落によりマネーの量が減ってくる。金とマネーの量が見合うようなところにきたところで、両者を結びつける。こんなことに落ち着くのではないだろうか。

そうなると日本という国自体も、金を所有していないと国際的に話にならない、ということになる。

だから日本は駄目なのだ。将来を読む力がない。中国はかなり前から凄まじい勢いで金を買っているし、金の産出国でもある。インドも買っている。ブラジル、ロシアあたりも買い込んでいる。

いざとなってアメリカの覇権が揺らいだときに、国家の力の支えになるのはやはり金である。だから、持っているドルは金に交換しておくべきだろう。

世界第2の金保有国となった中国

この表は、各国における金の実質保有量と金のGDP比。日本は保有金をすべてアメリカ・ケンタッキー州フォートノックスにある財務省管理の金地金保管所に預けている。

国	金保有量（トン）	金のGDP比（兆ドル）2014年
ユーロ圏	10783	4.6%
アメリカ	8133	2.7%
中国（公表）	1054	0.7%
中国（実際）	4200	2.7%
ロシア	996	2.7%
日本	765	0.7%
インド	557	1.6%
イギリス	310	0.7%
オーストラリア	79	0.3%
ブラジル	67	0.1%
カナダ	3	0.01%
（合計・公表）	22750	2.2%
（合計・実際）	25896	2.5%

以下はリカーズ著『ドル消滅』における通貨準備に関する記述を抜粋したものである。少々長めだが参考になるはずだ。

……通貨準備としての金の役割のもっともよい測定基準は、金の名目市場価値を名目GDP（国内総生産）で割ることだ（金の対GDP比）。名目GDPは、経済が生産した財やサービスの総価値だ。金は真のベースマネー（中央銀行が供給する通貨）である。Mゼロ（M0）と呼ばれる、FRBのベースマネーの背後にある陰の準備資産である。金は、Mサブゼロなのだ。金の対GDP比は、経済を支えるために使える真のマネーを表し、金本位制が〝復活〟した場合の相対的な国力を示す。（中略）目立って弱い部分は中国、イギリスであり、これらの国の金の対GDP比はいずれも0・7%と、アメリカやロシアの3分の1にも達しておらず、ユーロ圏の比率よりはるかに低い。ブラジル、オーストラリアなど、他の主要経済国はさらに低く、カナダの金備蓄はその経済規模と比べると微々たるものだ。

金が貨幣ではないのなら、これらの比率は重要ではない。だが、もしも不換紙幣に対する信認が崩壊して、計画的にであれ緊急措置としてであれ、金を裏づけとする貨幣に戻るようなことがあれば、これらの比率は国際通貨制度を改革するためのIMF

やG20（主要20カ国）の交渉でどの国がもっとも力を持つことになるかを決定づけるだろう。現状では、ロシアとドイツとアメリカがそうした議論を支配することになるだろう。（中略）

世界第2の経済大国である中国の本格的な参加なしに、国際通貨制度の改革ができると判断するとしたら、それはばかげた考えのように思われる。中国が公式に発表している量よりはるかに大量の金準備を持っていることは、公表されてはいないが広く知られている。中国が推定4200トンの金を持っている（実際）のほうを採用すると、比率の変化は眼を見張るほどだ。（中略）

中国の比率の0・7％から2・7％への上昇は、実際にはここ数年の間に起こったことだ。この金のリバランスが完了したら、国際通貨制度は中国を紙幣しか持っていない状態で置き去りにすることなく、新しい均衡金価格へと進むことができる。中国の金準備の拡大は、中国にロシアやアメリカやユーロ圏と同等の金を与えて、世界の金準備をリバランスすることを意図したものだ……

原油価格と株価には何の関係性もない

最近はほとんど動かなかったドル円が3月に入ってから、1日で5円以上の乱高下を見せた。いままで動かなかった分だけ動いたという考え方もできる。エネルギーが溜まっていたのだ。

ある専門家のコメントはこうであった。

………FRBの利下げに伴うドル売りが共鳴し、一時1ドル＝101円台まで円が急伸した。しかし、その後は市場で信用収縮の動きが現れたことを受けて各国の企業や金融機関などが現金化を進め、特に流動性が高く国際決済通貨であるドルを求める動きが顕在化した。円も多くの通貨に対して上昇したのだが、「有事のドル買い」の勢いには勝てず、ドル円では円安ドル高が進行。足元では107－108円台で推移している………

結局、2月の1ドル＝112円の円安は何かというと、みんなオプション（保険）を売っていたからである。為替相場が動かないから。動かないときに儲ける方法は、オプションを売る。つまり、ボラティリティを売るわけである。

要は大量のオプション、ボラティリティを売った投資家が大勢いたのだ。それで相場に何も起こらなければ、サンキュー・ベリー・マッチで保険料がいっぱい入ってくる。

普通の相場付きでは、ドルを買って売るとか、そうやって忙しく利ザヤを抜く必要がある。オプションの売りは、そうではなく何もしないで保険屋さんになるということである。

2月の1ドル＝112円の円安のときは、110円をいくらか超えて、オプションの限度を超えてしまった。それで一気にボラティリティを売っていた人が買い戻しに入った。

したがって厳密に言えば、あれは実際にはドル高ではない。109円あたりからぐっとドル高になったのは、これはそれまでボラティリティがあまりにも小さかったからホンの少し動いただけで、保険の範疇を超えてしまい、保険を売っていた人たちが一斉に保険の買い戻しに入った。いままでの大凪相場が嵐含みの大荒れ相場に移行する前兆である。

どうせ円安にはいかないのだから、ボラティリティが高まるということは、円高のスピードが速まるということを意味する。これが2月20日時点の私の分析であった。その後、あっと言う間に円高になった。それが大きな円高の始まりだった。

ただし、ドルを売っても円高にならないときはいくらでもある。2月24日に始まる週は

2015年6月5日の125円86銭の円安のピークから、1カ月が4週間でやった短月61・8カ月の黄金分割の重要日柄であった。だから短月61・8カ月＝247週間目になるわけだが、その重要日柄に合わせてドンと円高になったわけである。

相場は誰かが売ったから円高になったのではなく、そこから円高になることは決まっていたというのが本質である。

たとえば3月9日に原油価格が1バレル＝27ドルになったとき日米の株価がドンと下がったが、原油と株とは関係なく、たまたま同じ日に動いたというだけである。もう下がるときが来ていたから下がったと考えるべきなのだ。それぞれの日柄がきたから、そうなっただけの話である。

それでは説明にならないので、市場関係者はこじつけのようなファンダメンタルズ、あるいは需給論などで片付けようとするけれど、それはすべてまやかしである。原油価格と株価に何の関係があるのかということだ。関係のないときはいっぱいある。それぞれが下がるべき日であった。ただそれだけだ。そういうふうに考えないと、即製のいろいろなルールができてきて混乱するばかりである。

1月8日が60何ドルだったから、そこから61、62日目の3月9日はズドーンと底を打つタイミングであった。ここがボトムだから、少なくとも短期的には原油価格は戻るだろう。

62日目に向けて、最後の下げを打ったわけである。そのときに株がどっと下がった。以上のように私の話はつまらない。なぜなら、ドラマがないから。オペックの内輪揉め、あるいはサウジとロシアの戦争で、実はそれはアメリカをやっつける謀略だったというような話ができればいいのだろうが、私はまったくその手の話は信用していない。

また、そういうことで相場が動くとは思っていない。問題は本質を突いているかどうかだ。

以前から私は世界の資源国が凋落《ちょうらく》傾向にあると言及してきたが、これからはそれがさらに本格化していくのだろう。

世界デフレという環境のなかで、資源国はすべからく辛い立場にある。

アメリカもとっくの昔に成長寿命が切れていたのに、無理矢理経済成長しようとした。それがグローバリゼーションを招いた。そのグローバリゼーションもいま、破綻の危機に瀕している。

これからは世界に向かって出て行って儲けることが次第に難しくなるのだろう。アメリカは自分だけでなんとかせねばならない。

トランプはありとあらゆる国との関係を断ちつつある。一種のモンロー主義に傾いている。アメリカのホライズン（限界）そのものが狭くなっている。活躍できる場が狭まってきている。

多国籍企業がグローバリゼーションで活躍する時代は終わったのではないか。だから、アメリカという国の成り立ちからして縮小傾向になっている。その最終的な形が今回のデフレなのかもしれない。

相場は勝手に動くものである

縁あって東京銀行に入行以来、シンガポール支店、本店、ニューヨーク支店、勧角証券アメリカ、そして独立して今日に至るまで、相場の動向を見続け、穴が開くほどチャートを眺めてきた私が体得したのは、「相場は勝手に動く」ものであるということであった。

何が相場を動かすのか？　この問いに対する答えは一般的には2つある。

「ファンダメンタルズが相場を決める」

「市場参加者の需給バランスで相場は動く」

両方とも不正解である。相場は動きたいようにしか動かない、が正解だ。

先の原油価格のところでも指摘したけれど、ファンダメンタルズなどというものは、単なる〝後付け〟の講釈にすぎない。要はファンダメンタルズの変化が相場を動かすのではなく、最初に相場が動いてから、それに合わせた材料が出てくるのが実相である。

あるいは、投資家が買うから上がり、売るから下がると思っている人もいるが、これも大きな勘違いといえる。まったく逆で、上がるマーケットだから投資家は買いにいくし、下がるマーケットだから売りにいく。ただそれだけのことなのである。

ところが、この「解」を心底理解している人はきわめて少ない。アメリカのメディアで報じられているマーケット情報を見ても、常に投資家が主語にくる。そうではなく、本来は相場が主語にこなければおかしい。

たとえば、２０１０年7月22日のニューヨークタイムズの経済欄には、次のような記事が掲載されていた。

「7月21日、ＦＲＢのバーナンキ議長が議会で証言した内容で、アメリカの景気について、unusual uncertainty（異常な不確実）と発言したことから、株式市場はネガティブな反応をしてＮＹダウが１００ドル以上下落した」

つまり、7月21日にバーナンキ議長の証言があったことから、アメリカ株は大きく売られたわけだ。

しかし、私がこの新聞記事を読んでいた翌22日のＮＹダウは、朝からいきなり１００ドル以上の上昇で始まり、一時は230ドル高まで上がった。

これをメディアはどう説明するのだろうか。

一ついえるのは、これは何度も書いてきたことだが、毎日の相場の動きを説明することにはほとんど意味などないということだ。

あり得ない話だけれど、これを受けて苦し紛れにニューヨークタイムズが「投資家は22日になると、突然、気分を変えた」などと大嘘を報じたら、これは笑いものになるだけである。

こうした食い違いからも、相場が勝手に動いているということがわかる。

そして、先にもふれたように、そのことを知っている投資家は、ごく少数だ。多くの投資家が、相場はファンダメンタルズによって規定されていると信じているし、マーケットにおける需給バランスの変化が、相場を動かしていると思い込んでいる。

ここまで世の中の誤解が決定的になっている以上、その常識を覆すのは難儀このうえないものなのだろう。

第5章

経済的な伸びしろのない中国の限界

中国のすべてを変えた「南巡講話」

先般、銀行時代に同期だった人物と中国をめぐる議論をする機会をもった。次第に白熱していくなか、相手から「中国が覇権を取りそうだ」と言われた私は「それはあり得ない」と間髪入れずに反論した。ソフト・パワーがゼロに等しい中国に世界の覇権など握れるはずがないからだ。

これは私の持論だが、覇権を競う国には世界中に普遍的に受け入れられるソフト・パワーが備わっていなければならない。それは言語、通貨、政治体制からはじまり芸術、宗教に至るものであり、ニュートラルに評価して、中国はアメリカの足元にも及ばない。

だが、そのうちに中国がアメリカを押しのけて、世界の覇権を奪取すると考える人がいるのも事実である。

それではなぜ世界の貧国であった中国は改革開放以来わずか30年で、世界第2位の経済大国の座をものにしたのだろうか。「世界の工場」といった称号を与えられた工業力がものをいったのか？　それとも共産党一党独裁という政治制度の特性が有利に働いたからであろうか？　14億もいる国民がみな勤勉だったからであろうか？　江沢民、胡錦濤、習近平といった最高指導者に図抜けた能力があったからか？　システムが良かったのか、ヒトが良かったのか。そのどれでもないだろう。

なぜ中国は短期間のうちに世界の大国になれたのか。私が持ち合わせる「解」はごくシンプルで、この国の土地が〝タダ〟だったからだ。すべてがそこに収斂《しゅうれん》される。

社会主義国の中国では個人の土地所有は認められない。そのかわりに各政治単位に土地使用権なるものが付与されている。この中国共産党が統治する国ならではの特殊な制度が奏功したのだ。

中国の創業者である毛沢東が死去し、権力闘争のすえ、第2世代の最高指導者となったのは鄧小平であった。１９７８年に改革開放政策を発表するも、なかなか国内はまとまらなかった。そして89年にあの痛ましい天安門事件が発生した。無辜《むこ》の学生や市民を虐殺した中国政府は西側諸国から経済制裁を受け、世界の孤児となった。

時を同じくして冷戦が終わり、資金や技術、労働力の移動が地球規模で展開されるグローバル化がはじまった。そこで先進諸国の注目を集めたのが無尽蔵と思える労働力を備え、広大な土地を持つ中国であった。

世界がグローバル化へのターニングポイントに差し掛かっていた91年、鄧小平は突如として動いた。その翌年の旧正月、中国の南方都市を視察した鄧小平は集まった人民にこう呼びかけた。

「市場経済は資本主義国家だけのものではない。社会主義国家もそれを手段として使うべきだ」

これが現在の中国を生み落とした「南巡講話」である。この発言により、中国は市場経済への移行を本格的に始め、外資企業に門戸を開放した。周知のとおりこれを機に、先進国の企業は中国に殺到、まずは香港に隣接する広東省、次に上海・浙江省を中心に繊維、化学、家電、電気通信、食品などの産業クラスターが瞬く間に出来上がった。

濡れ手に粟だった土地使用権料ビジネス

中国が四半世紀にもわたって毎年2ケタ近い経済成長を続けて来られた最大の要因は、もともと何の価値も見出せなかったタダの土地が、押し寄せてきた外資企業相手に飛ぶように売れたからだった。

外資系企業が中国に進出してきてまず手当をしなければならないのは、活動の拠点づくりである。メーカーなら工場用地、小売業なら店舗を建設する商業用地、デベロッパーなら居住地といった具合に、各分野の土地使用権を購入することになる。

土地使用権についてはそれぞれ最高年限が設けられており、居住地70年、工業用地50年、商業用地40年などとされている。

世界中で中国進出ブームが吹き荒れ、完全な売り手市場だったため、中国サイドは土地使用権料を一度に、しかも外貨（ドル）で得られた。各政治単位の共産党幹部や彼らにつながる人たちにとり、まさしく〝濡れ手に粟〟の醍醐味を味わったにちがいない。この土地使用権料ビジネスで外資企業から獲得した外貨を根拠に、中国政府は人民元を〝大増刷〟した。こうした中国に巨万の富をもたらす方程式を設計した鄧小平の眼力には、いまさらながら脱帽である。

加えて当時の鄧小平には大きな使命があった。それは天安門事件で失墜した中国共産党のレジティマシー（正当性）を取り戻すことだった。そして鄧小平が編み出した新たなるレジティマシーは、市場経済のなかでの経済的繁栄を国民にもたらすことであった。

共産党指導部が経済的繁栄を約束し、人民が購入した不動産は絶対に暴落させないと喧伝すると、中国の大多数の国民は政治を忘れ、不動産投資にのめり込んでいった。人口14億人を擁する拝金主義国家の誕生である。同時に、不動産価格の暴落は国民にすれば中国共産党の裏切りであり、共産党がふたたびレジティマシーを失うことを意味していた。

かつての書籍にも書いたけれど、中国政府は不動産バブル崩壊を回避するために「中国式バブル循環システム」で必死に対応してきた。

不動産ビジネスの3大プレーヤーである銀行、デベロッパー、投資家あるいは住宅購入者それぞれに資金を適宜回す方法で、不動産バブルを持続させてきた。この方法が限界を迎え持続できなくなったとき、中国は自動的に不動産バブル崩壊に見舞われることになるのだが……。

これが中国の不動産の実相であるが、大都市の北京、上海、広州、深圳などの物件価格は、いまや先進国のレベルに追いついてしまった。北京や上海の一部の物件はニューヨークやロンドンの一等地を凌駕しているものもあるようだ。

中国の不動産市場は政府の介入もあってか、この四半世紀の長きにわたって一度も大きな調整場面がなかった。したがって、この間にクリエイトされた富は膨大なもので、数千万人の富裕層を生み出した。

日本も戦後無一物からスタートして営々と努力を重ねて80年代に入って、やっと庶民にも若干の富の蓄積がみられた。しかし富裕層はきわめて限られていた。営々と辛苦するスタイルではそれほどの富の蓄積はなく、数十万人の富裕層も生み出していない。それに比べて中国はタダの土地がいきなり先進国と同じ値段で売れるという僥倖で労せずして、数千万人の富裕層を生み出した。

だからといって、中国に飛び抜けて素晴らしい政治システムがあったり、経済運営が巧みであったり、工業が隆々と進展したわけではない。

だが現実には、価値ゼロの土地を先進国のレベルまで引き上げた。それはそれで驚くべきことだが、中国は現在の不動産価値をさらに引き上げる能力を持ち合わせてはいない。いま以上には上昇させられない。なぜなら、先進国と同じレベルまで不動産の値段が上がれば、それ以上は上げようがないからである。

不動産屋国家の中国がいま以上の富をクリエイトするためには、たとえば突出したソフト・パワー、イノベーション力、生産能力、国民の勤勉さ、あるいはアメリカのような理想的な人口動態（デモグラフィー）などを備えていなければならない。けれども、そのどれをとっても不十分である。

私が「中国恐れるに足らず」というまなざしを持っている理由はそこにある。それに加え中国はいま、猛烈な勢いで高齢化社会に突入しようとしている。さらには5代目の皇帝・習近平が憲法まで変えて終身国家主席に居座る構えである。

それらは中国という「国家の相場」がすでに完全に天井を打ったことを如実に示している。

世界でもっとも優れた人口動態分布を誇るアメリカ

私がファンダメンタルズ論者でないことは広く知られるところだが、これだけは言っておきたいことがある。アメリカと中国を比較して、ファンダメンタルズ面で徹底的にアメリカが上回っているのは、先進国のなかでもっとも優位な形になっている人口動態分布だ。老齢者層と若者層の分布のバランスが絶妙なのである。

いまアメリカでは8000万人いる1946～1964年に生まれたいわゆる「ベイビーブーマー世代」がリタイアする時期になっているが、あまり極端な少子高齢化を招いていない。若者たちがどんどん成人になり、生産に寄与してくるとともに、消費者としてもGDPを支える形になってきたのだ。

以下の表を見てほしい。国民の年齢の中央値（メディアン）である

国名	2010年	2030年
アメリカ	36・9歳	39・1歳
日本	44・7歳	51・4歳

欧州	40・1歳	44・9歳
中国	34・5歳	42・5歳

アメリカは他の国、地域に比べて圧倒的に年齢が若いのがわかる。

さらに1990年の労働年齢人口を100とすると2030年にアメリカは132と、中国128、欧州96、日本80を圧倒している。これだけの労働年齢人口の増加は、圧倒的な生産力、消費力の増加を意味する。

35年もの「一人っ子政策」が生み落とした悲劇

かたや中国はどうか。人口14億人のうちすでに2億5000万人が60歳以上で、「一人っ子政策」をやめても出生数の減少に歯止めがかかっていない。それどころか、一人っ子政策という歪んだ人口抑制が深刻な社会問題となっている。

常識では考えられない男女比率が生じて、中国では独身男性が結婚したくてもできない状況に陥っているのだ。これは中国政府が〝人為〟でいかに誤ったというか、怖ろしい政策を敷いてきたかの証左でもある。

これについて詳しく教えてくれたのは、例によって知り合いの中国通のジャーナリスト。国家統計局が発表した人口統計によれば、2015年末時点で男性人口7億414万人に対し、女性人口は6億7048万人。男性のほうが3366万人も多く、男女人口のバランスが完全に崩れていることがわかる。

これを年代別で出生の男女比率を見てみると、1980年代、90年代のアンバランスが特に目立つ。その最大の原因は、中国政府が国策として導入した「一人っ子政策」(1979年〜2015年)にあるのは疑いのないところだ。彼がこう示した。

「男女人口の差が3366万人だと言いましたが、これを比率に直すと『105対100』になります。つまり、100人の女性に対し男性が105人で、男が5人多いけれども、これは総人口での比率で結婚適齢期の数値ではありません。

驚きの数値が登場します。中国における80年代出生の男女比率はなんと『136対100』にまで隔たっているのです。100人の女性に対し男が136人もいる。これは80年代出生の中国人男性の約25%が理論的には一生結婚できないことを意味します」

なぜこのような隔たりが現出してしまったのか。その理由を聞くと、こう返された。

「約35年間、一人っ子政策は中国全土で強制的に行われました。社会保障制度がまったく機能しない農村地域も例外ではなかった。約8億人いた農民にとっては青天の霹靂《へきれき》だったでしょうね。彼らにとり授かった子供は家を支える重要な労働力だったからです。農民たちにとり唯一の老後の〝保障〟は自分の子供になります。成人すれば他家に嫁ぐ女の子は老後の保障にならないのは自明だから、農民たちの誰もが女の子よりも男の子を欲しがったはずです。一人っ子政策が推進されているかぎり、『一姫二太郎』のように産むこともできない。

切羽詰まった農民の一部は、生まれたばかりの女の子を『死産』と称して、その場で処分した。あるいは出産前に胎児が女の子だとわかると堕胎した」

このようなことが35年にもわたって全国で行われてきたのだから、その間に生まれて成人する男女の比率が大きく狂ってしまうのは当然のことである。

また、それは忍びないとして、戸籍のない子供として育てる農民もいたと、彼は教えてくれた。

「2000年頃、東北の農村部にポリオのワクチン投与の取材に行ったときのことです。一人っ子政策を実施してきた現地の計画出産委員会から聞かされた数のワクチンを用意しても必ず、2~3割足らなかった。ふだんは罰金を怖れて隠している無戸籍児童を連れてきているからですよ。これも上に政策あり、下に対策あり、の中国の縮図なのだろうけれど、それを目の当たりにしたときは妙に切なかったことを思い出します」

中国ではこのような誤差がいたるところで当たり前のように発生しているのだろう。

彼がカバンのなかから古いノートを取り出してきて言った。

「これは2002年の出生統計ですが、0歳～4歳の男女人口比は女1人に対して男1・19人、5歳～9歳では女1人に対して男1・13と男の比率がかなり高まっていました。農村において顕著となっているという当局のコメントもありますが、現実の数字は把握できていなかったでしょうね」


彼はさらに、結婚適齢期の男女比率がこうもアンバランスになった状況で、いま中国では結納《ゆいのう》金バブルが発生していると言及した。この国は不動産バブルが苛烈だと先に申し上げたが、結納金バブルのほうも負けてはいないようである。彼によると、

「中国のネット上に載っている『全国各省彩礼相場（結納金相場）一覧表』を見ると、ここ数年で結納金の相場が爆発的に上がっているようです。湖南省、山東省、浙江省などの平均相場は10万元（約160万円）。それが旧満州の東北地方や江西省、青海省となると、50万元（約800万円）台に跳ね上がっているそうです。

極め付きは上海と天津で、両大都市の彩礼相場はなんと100万元（約1600万円）台にまで急騰している。まさしく結納金バブルといえます」

彼の話を聞くにつけ、つくづく中国に生まれなくてよかったと思うし、誰もああいう体制の国で暮らしたくはないだろうなとも思う。それから逃れるためには、中国人が目覚めるかどうかだ。

逆に政府は国民を目覚めさせないよう、強引に押さえつけをはかっている。

今回の武漢に端を発した新コロナウイルスの事件は、明らかに中国上層部の隠蔽体質がもたらした大失態であった。それを世界一の監視社会を束ねる中国政府が1100万人都市・武漢を完全封鎖し強烈に国民をコントロールしたわけである。

だが、武漢市民は知っている。ここまで感染が拡大した最大の原因が、政府の対応が鈍く、なかなか有効な対策を講じなかったからであることを。多くの若者の洗脳が解け、習近平の求心力に陰りが出てくるのではないか。

不変の失業率4％の怪

中国には先刻のポリオワクチンのような話はゴマンとあるのだが、いちばん困るのが政府発表の公式数値がアテにならないことである。

たとえば、景気を左右する失業率。いまトランプが再選のために神経を尖らせているのがこの失業率と株価（コロナショックで秋の大統領選までにとても戻りそうもない）なのだが、中国の場合はまったく恣意的にこしらえた数値が平気で発表されている。だから中国によく通じているチャイナウォッチャーからは、失業率はまったく無視されていると言っても過言ではない。

〈中国の失業率推移〉

2010年 4・14%
2011年 4・09%
2012年 4・09%
2013年 4・05%
2014年 4・09%
2015年 4・05%
2016年 4・02%
2017年 3・90%
2018年 3・80%
2019年 3・80%

ご覧のように長らく見事に4%前後に貼りついているのだ。北京五輪が開催されようが、リーマン・ショックが起きようが、米中貿易戦争が勃発しようが、当たり前のように4%前後の数字を出してくる。2018年などは米中貿易戦争の影響で、外資企業の中国撤退が急増したのにもかかわらず、なぜか失業率は改善されている。

先の中国通のジャーナリストに説明を乞うと、こう返された。

「失業率が4％を超えると外国メディアが中国経済の危機を煽ってかまびすしい。逆に4％を下回る発表をすると、今度は地方政府の指導者が雇用対策を露骨にサボることがわかったので、とにかく失業率は4％前後にしておけば無難だと、当局が認識したためです。もともと中国は下崗《シアカン》（自宅待機）となっている人間は失業と見做さないことから、そこで数字を按配していると言われています」

市場経済が効率よく運営されるためには、経済、政治のトランスペアレンシー（透明性）が不可欠だ。およそ透明性と対極にある中国政府が、市場を良くマネージできるとは到底考えられない。

中国の経済統計の信憑性が疑われているなかで、貿易統計は信ずるに値する数少ないデータといえる。なぜなら、貿易には必ず相手国があるから、中国が一方的に数字を捏造するには限界があるからだ。

ただし外貨準備についてはかなり怪しい。金融関係者によると、外貨準備とは本来は中国政府と中央銀行である人民銀行のみが持っている額をカウントすべきなのを、中国側は国有銀行保有分とされる企業の決済預かり金を含めて計上しているという。

そんなルール違反をしている国がＩＭＦのボードメンバーに居座っている。昨年、アメリカが中国を「為替操作国」に指定したのは、中国に早く変動相場制に移行しろ、ＩＭＦのボードメンバーが為替操作などするなという強烈なメッセージが込められているのだが、中国としてはそんなことは死んでもできない。

変動相場制への移行とは、すなわち資本の自由化を意味する。海外の資本取引を受け入れるなどということをすれば、中国は共産党の一党独裁を維持できなくなるからである。

中国らしい「社会信用システム」のスタート

中国はよく異形の大国などと呼ばれるのだが、正確には共産党一党独裁の歪な社会主義国というか、いまは国家主席の終身制が憲法に明記されているくらいだから、王朝に近い形になっているのではないか。

そして習近平王朝は世界最強の監視国家であり、屈指の警察国家でもある。

昨年5月、中国政府は14億人の国民全員を格付けする「社会信用システム」の一部をスタートさせた。

これは国家主導の「信賞必罰システム」で、スコアが高いと金融機関から低利でローンが組めたり、ホテルのデポジットが不要になったりなどの恩恵を受ける。反対にスコアが低い人は、高速鉄道や航空機の利用を最長1年間禁止する措置がとられることになっている。

いかにも中国らしい「アメとムチ」なのだが、表向き国民はこぞって高いスコアを取って「良い子」になろうと必死だ。

これは共産党が支配する中国におけるビッグデータによる「奴隷化」政策以外の何物でもない。

現在、中国全土で4億台以上の最先端技術を備えた監視カメラが設置され、24時間、人々の動きを監視している。監視カメラに内蔵されるAIは衛星利用測位システム（GPS）や顔認証システムとつながり、当局がまとめた「犯罪者」「犯罪予備軍」のデータベースともリンクしている。

一方、SNSも入念にチェックされている。中国においては携帯やスマホの購入、所持はすべて〝実名制〟となっている。したがって、携帯やスマホから政府批判のメッセージの一つでも発信すれば、本人の身元は数秒で割り出され、数十分後には公安が発信者の家のドアをノックしているはずだ。ということで、利用者は必然的に隠語を用いてコミュニケートしている。ちなみに習近平は「大笨熊《ビッグベア》」と呼ばれていたそうだ。

監視対象となるのは犯罪者だけではない。共産党や政府に対して反抗する人、反政府的デモや抗議活動を行う人、画策する人はみな、このシステムによって身元が割り出され、簡単に逮捕されてしまうのである。

現在中央テレビは、このシステムの怖ろしさをアピールする番組を全国向けに流しているという。全国民に「自分がどこに行っても常に監視されている」という意識を植え付け、最終的に国民にデモや抗議活動などへの参加者を根絶やしにするためである。

非民主的独裁政治体制の決定的な〝弱点〟

神戸大学の王柯《おうか》教授が、なぜ中国が世界最強の監視国家に、最悪の警察国家になったのか、その核心を綴《つづ》っているので紹介しよう。

……現代中国政治の抱える最大の問題は、政府と民衆との関係を歪曲したことである。人民が政府を管理するのではなく、政府が人民を管理するものだ、と政権を掌握した者は信じ込んでいる。民衆に対する不信から、中共政権はすでに世界最強の警察国家に変身した。

　しかし最先端の技術を利用しているため、ここ数年、毎年国防予算もはるかに超える膨大な財政が「維穏費」（警察等を使って社会の安定を維持する費用）として投入された。

　２０１９年度の国家予算のなか、「公共安全支出予算」、つまり「維穏費」は予算全体の５・９％を占めるという中国の新聞『21世紀経済報道』の報道に基づいて、「ラジオ・フリー・アジア」は、２０１９年の「維穏費」は１兆３８７９億人民元であり、国防予算は１兆１９００億人民元であると試算した。つまり、「維穏費」は２０１３年度の７６９０・80億人民元に比べ、５年間に約２倍も増えた。

　ところで、そのためでもあるが、かつての公安省、国家安全省、裁判所、検察院と武装警察を統括した、中共中央の法制委員会書記を務めた周永康氏が逮捕されて終身刑を受けたことからも分かるように、中共によって「刀」（刀把子）と呼ばれる「維穏」（民衆の犯行を鎮圧する）部門は、権力闘争の道具と腐敗の大きな温床にもなっていた。

　習近平政権の時代となると、武装警察が軍の系列に入れられたが、「国家安全委員会」が新設され、国家予算に占める割合が相変わらず上昇しつつあることからも分かるように、「維穏」の力はさらに強化され、権力闘争の道具と腐敗の温床という性格は少しも減少していない。本書に書かれているように、このようなＩＴ技術によって完全武装された警察国家のなかでは、一般の民衆だけではなく、国家の高級官僚と指導者までも監視されている。

現代における技術と権力の関係は、暴力と権力とがそうであるように、不可分のものである。これはまさに中国の警察国家としての特徴である……

『セレモニー』（王力雄著・藤原書店）推薦のことばより抜粋

中国政府が国防費を上回る維穏費、言い換えれば治安維持費を使っているのは、実際には民心が不安定で、政権維持が不安定となるのを恐れているからだろう。非民主的独裁政治体制の決定的な〝弱点〟とは、支配正当性の獲得における手続きの欠如により、常に国民から見捨てられることを危惧しなければならない宿痾《しゅくあ》を抱えていることである。

見捨てられることを怖れるあまり、国民の思想の自由、言論の自由を許さず、外部世界との情報交換も遮断、世界に類を見ない監視社会を築き上げてしまったのが、いまの中国なのである。

真の国力が試される中国

ところで、日本の戦後の復興も、この四半世紀の中国の台頭と多少は似通ったところがあった。

大蔵省や通産省が一生懸命に産業政策を進めた結果、日本は技術立国になったとか、工業化に成功したとか言及する評論家がいるが、とてもそうは思えない。ただツキに恵まれていただけだったのではないか。

私に言わせたら、都合よく朝鮮戦争が勃発しただとか、あるいは国民が若干勤勉であったくらいでしかない。世界を揺るがすようなイノベーションが日本発で起こったかというと、決してそんなことはなかった。

優れた技術をアメリカから輸入してきて、真似るのがうまかった。真似る途中で、少し頭を使ってアレンジ（味付け）を加えたくらいのことはあったろう。けれども、日本的なシステムが良かったことなどさらさらなかった。結局、たまたまうまくいっただけのことであった。

ただし日本は戦後立ち上がるのにそれなりに苦労もした。狭い国土と資源に乏しい悪条件のなかで、立ち上がってきた。戦争で何もかも失ったのがかえって良かったのかもしれない。いちおう努力もし、それなりに企業も懸命にお金を溜め、設備投資もほとんど外資に頼らず、自分のカネで行ってきた。

中国の場合も繰り返しになるけれど、価値ゼロだった土地が空前の富を生んだことで国家として勃興してきた。たまたま利用できる広大な土地があったことは中国に恩恵をもたらした。そのバリューが上がったことで、とてつもない富がクリエイトされた。

土地使用権価格の高騰を利用してみな私腹を肥やした。それに関わることができる人たち、共産党や国有企業の幹部連中の懐はそれでおおいに潤った。それで数千万人におよぶ富裕層をつくった。そうでなければ、大量の中国人がいまのように金持ちになったことの説明がつかない。

工業力が凄いのかといえば、そうでもない。工場の効率が際立って優れているのかといえば、それもちがう。国民はそう勤勉でもない。もっとも労働力の単価の安さと量については若干のアドバンテージがあったが、インフレと賃上げでやがてそれも消えていった。

僥倖に恵まれた中国の都市部の不動産価格は世界水準にまでなった。けれども、それで終わりだ。それをどんどん超えていくソフト・パワーとエネルギーを持ち合わせていない国の宿命で、先進国に追いついてしまうと、そこで上昇力が尽きてしまう。ましてや無為無策であっても富のクリエーションが行われてきた中国の国力は、ここでパタリと伸びなくなる。

ここからは国としてどのような優れたグランドデザインを描けているのか、そのために不可欠なブレイクスルーを設定し、他国の技術盗用でなく〝自力〟で世界に誇れる製品やサービスをつくっていかねばならない。そういうフェーズに突入してきたのがいまの中国ではないだろうか。

それらを中国が国として本当にできるのか。ろくでもない人間がトップに就き、しかも終身国家主席が許される共産党一党独裁の国にそんな芸当ができるのか。そういうことになる。

中国は建国73年目をクリアできるのか？

1949年10月に中華人民共和国は誕生した。そして1921年の中国共産党結党からの黄金律67・5年を閲《けみ》した天安門事件は、さまざまな意味において現代中国の原点といえよう。

黄金律的には、中国は建国した1949年から69年目の2018年にピークを迎え、その後そこから12年間下がり続けることになっている。最大のポイントは史上最大規模の不動産バブル破裂に見舞われることだろう。やはり人為ではバブル破裂は止められない。鄧小平のような才覚のない習近平は、14億人民に対し、中国共産党の新たなるレジティマシーを示せず、監視社会をさらに強めるしかない。

加えて、米中貿易戦争は本格的な金融戦争に突入、劣勢の度合いはより強まっていき、「中華民族の偉大なる復興」などまったく絵に描いた餅になってしまうのだと思う。こうして中国は2030年くらいまでガタガタになってしまうわけで、その間に共産党が持ち堪えられるかどうか、ということになる。

2018年に中国がピークを迎えたのは、そのとおりである。翌19年になるとトランプに引っかき回され疲弊した。今年は新コロナウイルス事件の発祥の地として世界中から非難を浴びることとなり、散々である。

中国が2030年までに潰れるかどうかはよくわからないけれど、ソ連は建国73年で潰れた。中国の場合、建国73年というと2022年、習近平の国家主席の地位が終身に切り替わる年である。そのときに中国共産党の内部がどうなっているのか。

今回の新型コロナウイルス事件でだいぶミソをつけたから、李克強首相側の共青団がだいぶ巻き返してくるのではないか。太子党の連中は何の能力もない。基本的に管理職ばかりやってきたので、現場で力を発揮できる人材に乏しい。共青団は太子党とはちがうので、力関係が変わってくる可能性がある。

ただし、全体的には中国は明らかに下がり目である。

中国には二度と濡れ手に粟で富を手にするチャンスは転がり込んではこない。先にも述べたように、すでに中国はイントリンジックな、固有の本質的な真の力が国を左右するフェーズに突入した。

要は世界とガチンコで勝負しなければならなくなった。それをコントロールしているのが間抜けな共産党なのだから、うまくいくとはとても思えない。これまでの僥倖を自覚せず、共産党が正しく指導したからこんなにリッチになったのだと国民に宣伝しているのは笑止千万である。

あらゆる企業のなかに共産党委員会が存在し、ダブルエントリーしている。誰にレポートするのか、誰が責任者なのかわからないようなシステムで、経済がまともに回るはずがない。

だから、中国の勢いは先進国レベルに並んだところで終わるのだと思うし、終わらなければおかしい。

２０２０年1月12日、中国のポータルサイト・百度は、中国の１人当たり国内総生産（ＧＤＰ）が初めて1万ドルを突破したとする記事を掲載した。

11日に北京で開かれた中国マクロ経済年次会議にて、中国国家発展改革委員会の寧吉喆《ねいきってつ》副主任は、２０１９年の中国のＧＤＰは１００兆元（約１５８０兆円）に達し、１人当たりＧＤＰが1万ドル（約１１０万円）を超える見込みだと明かしたことを伝えた。

私は、これが中国の終わりの始まりではないかと考察している。

第6章

不毛の米大統領選挙

アメリカ初の女性大統領誕生の予感

日本で経済セミナーの講師に招かれるたびに、「ああ、これが日本なのだ」とあらためて納得することがある。たとえば登壇する講師が4人だとすると全員が男性。しかも私を含めて全員がオヤジといった場合が本当に多い。女性が混じることはごく稀で、この傾向は不変と言っていいだろう。

アメリカの様相はまったくちがう。同じく4人が登壇すると、まず3人は妙齢の女性と相場が決まっており、オヤジは1人のみ。

テレビも同様だ。マーケット関連をカバーするブルームバーグTVのキャスターはブロンドの美女が牛耳り、中年のオヤジはぱっとしない。

周知のとおり、2018年の中間選挙では多くの女性が下院議員に選ばれ、とりわけ民主党系の勢いが目立った。いまやこれはムーブメントとなっている。

なぜ私はこのようなことを言うのか。2020年11月の大統領選挙において、アメリカ初の女性大統領が生まれると予測していたからである。

力仕事は別として、アメリカは政治をはじめほとんどの分野を女性がテイクオーバーしようとしており、その象徴的存在が民主党上院議員のエリザベス・ウォーレンといえた。

トランプに関してはこれまで何度も申し上げているとおり、彼が嫌なアメリカ人からは徹底的に嫌がられている。逆に好きな人からは徹底的に好かれている。

ここで少し2016年の大統領選挙のことを振り返ってみよう。いまは大統領としてあれだけ大口を叩いているトランプであるが、総投票数ではヒラリー・クリントンより300万票も少なかった。ただ、有権者の得票数で多数を占めても選挙人の得票数で負ければ当選できないという選挙人制度の〝矛盾〟により、10万人ほどの差で、トランプは大統領に当選してしまった。

前回の選挙でもすでに300万票少なかったのだが、今回はどうだろうか？　トランプのことをもっと好きになった人はいるかもしれないが、そう多くはない。逆に幻滅した人のほうが圧倒的に多い。

もう一つ、前回の選挙は、断然ヒラリー・クリントン有利とした下馬評に油断していたところがあった。今度は絶対に負けない体制を固めると宣言しているのが下院議長のペロシ女史である。

双方が70歳代という歴史上異例な高齢選挙

今年2月中旬あたり、私はこんなことを考えていた。

私の歴史大局観から言えば、40年間のレーガノミクスによる右寄りの政治経済の軸が40年目の2020年から左寄りに思潮変化すると見ていた。そのためには左のポピュリストであるサンダースかウォーレンが大統領になると思っていたが、ウォーレンは出だし不調で脱落。サンダースは25％のシーリングを打ち破るほどの力を見せていなかった（実際、4月には脱落した）。

情勢が混沌とするなかで、さらにトランプによる混乱が相俟って、視界が非常に悪くなっている。いまのアメリカは少なくともリベラルの視点からすると、まさにこの世も末の様相である。

そのなかで株式市場は連日新高値更新の怪であった。

理想的には株式市場の大暴落があって、トランプの得意を失意に変えることができれば民主党にもチャンスはあるだろうと思っていた。

この世に正義はあらわれないのか。正義は株の大暴落である。

米大統領選挙

トランプ大統領

128カ月連続経済成長（第二次大戦後最長）
80.6%のプライム・エイジ成人（25～54歳）が就業
2001年6月以来最大
実質賃金4%上げ　過去3年間で
直近のJob Approval Rate平均55.7%

以上からみて「Race is Mr. Trump's to Win」（トランプがよほど失敗しない限り再選される）。

その後、株の大暴落は現実のものとなったが、大統領選については失望の展開となってしまった。

昨年10月、ファイナンシャル・アストロロジー（金融占星術）の大家であるレイモンド・メリマンが今年の大統領選挙について、トランプの運勢は最悪だとする予測を発表した。

民主党のジョー・バイデンもバーニー・サンダースもふるわない。運気が良いのはエリザベス・ウォーレンだから、最終的にはトランプとウォーレンの争いになるという話だった。

けれどもご案内のとおり、ウォーレンは序盤のヤマ場だった3月3日の「スーパーチューズデー」でいずれの州でも勝利できず、指名獲得の展望が開けなかったため、撤退を表明した。

頭が良くて、とんでもなくディベートが上手くて、際立った行動力を備えたダントツのタレントなのだが、やはり女性であることが不利に働いたところがあったようで、私としては残念でならない。

それはそれとして、趨勢としては77歳のバイデンと74歳のトランプの対決になった。要するに、ダメな奴同士の戦いになるわけで、ここにどうしようもないアメリカのダメさ加減が、ハッキリ現出しているのだと思う。

私はやたらと調子がいいトランプには必ず正義の鉄槌がくだる、それが株の暴落であるとかねてより申し上げてきた。まあ、2月中旬から3月中旬の1カ月でNYダウが28％も下がったように、その通りになりつつある。

それではダメな74歳の現職大統領とダメな77歳の挑戦者の戦いはどうなるのか。正直、わからない。

過去の法則からいくとバイデンの勝利

ここでレイモンド・メリマンが語っていることをちょっとだけ披露すると、まず20年ごとに木星と土星がコンジャンクション（会合）をつくる。0の角度で重なるコンジャンクションの年は社会的に決定的な変化を迎えると言われている。

大統領選挙は4年ごとだから、20年内に5回ある。それで20年ごとの木星と土星がコンジャンクションする年の選挙の結果はこれまでどうだったか？　そうすると1800年から11回の大統領選挙が行われて、8回は現職が負けている。

たとえば、2000年。このときは民主党のビル・クリントンから共和党のジョージ・ブッシュに替わった。民主党はアル・ゴアを立てたけれど敗れてしまい、政権交代となった。これがいまから20年前。

その20年前は1980年で、ジミー・カーターという民主党の大統領が4年だけやって再選されなかった。大統領になったのは共和党のロナルド・レーガンだった。現職の敗北である。

1960年はどうだったか。それまでは共和党のアイゼンハワー大統領。共和党の候補ニクソン副大統領を民主党のジョン・F・ケネディが破って大統領に就任。ここでも政権交代が起きている。

その20年前の1940年だけはちょっと違っていた。これは4選を果たした民主党のフランクリン・ルーズベルト大統領の時代で、例外と言っていい。

こうして見てきたように、20年ごとの大統領選挙では不思議と現職、あるいは政権政党が弱いのである。ほとんどの場合、政権政党ではないアンチサイドが勝利をおさめてきた。

この法則が活きるならば、今回はバイデンが勝つことになるけれど、果たしてどうだろうか。

ただ、この世の中に正義があるとすれば、やはりトランプみたいな人間が再び大統領に選ばれるということはあってはならない。私はそう思っている。

バーニー・サンダース、ジョー・バイデン、ドナルド・トランプ、この3人の顔を見比べてみると、トランプは決して笑わない。イギリス人のトランプ嫌いの評論家によると、笑わない人間は抑圧者（Trod）の常態であるとしている。私は彼の笑ったところをテレビで見たことがない。常に額に眉間にシワが寄っている。

バーニーも笑わないというか、ほとんど笑わない。常に怖い顔している。笑うのはバイデンだけで、常にニコニコしている。

頭は悪いし口も下手だし、何の実績もない。上院議員を20年以上やって、副大統領職の経験者。はっきり言って無能の人だと思う。

これまで2回予備選挙で負けて今回は3度目の挑戦なのだが、3度目にやっと勝ち上がった。「2度あることは3度ある」でなく、バイデンの「3度目の正直」になりそうだ。

ただし、ジョー・バイデンというのは、こんな男であることを知っておいたほうがいいだろう。

ウクライナ・スキャンダルでトランプの標的になっていたジョー・バイデンは、オバマ政権の元副大統領。バイデンはナイスガイなのだが、政治家としてぱっとしない。言っていることも安っぽい。

マスコミから「あなたはなぜ大統領になるんですか?」と聞かれて、「トランプに勝つためです」と返し、続けて「トランプに勝って何をするんですか?」と問われると、「元に戻ります、基本はオバマ時代です」と答えている。

こんな奴はいまのアメリカには要らないだろう。こういうステータス・クオー（status quo：現状維持）の人間が、ただただトランプに勝つために候補になるのはおかしいと思わざるを得ない。

人間性は最高にいいから、そこはトランプと正反対である。けれども、無能でまともなビジョンが描けないバイデンには魅力の欠片《かけら》もない。バイデンの演説会場へ足を運べばすぐに実感すると思うのだが、いつだって全然盛り上がらない。

トランプとペンスは最悪の無能者コンビ

エリザベス・ウォーレンが大統領になっていればまだしも、バイデンでは駄目だろう。

バイデンでは富裕層から富裕税を取れないし、ウォーレンに較べて、バイデンが圧倒的に能力不足なのは否めない。

一部から、バイデンは女性副大統領の選定を公約に掲げているから、ウォーレンを副大統領に指名すべきという声もあがっている。けれども、ウォーレンが副大統領ではいかにももったいない。いまのマイク・ペンス副大統領を見ればわかるように、いつも大統領の隣りに立ってウンウンと肯いているだけで、彼女にはそんな退屈な役割は耐えられないであろう。あまりにも能力が高いのだから。

ペンス副大統領こそが共和党を代表する存在であって、共和党を代表してトランプを動かしていると、やたらペンスを評価している日本人が、特に保守系の人に多いけれど、それはあり得ない。

いったい彼らはどこを見ているのかなと思ってしまう。ペンスは無能そのものだ。トランプとペンスは最悪の無能者コンビである。ただし、ペンスはものすごく忠実な男、日本の政治用語で表すならば、ポチみたいな男といえる。

トランプは人に動かされるような人間ではない。自分のフィーリングのみで行く人間だ。人に何か言われたり、注文をつけられたら、却ってやらない。トランプは自分に何か言ってくる奴はみんなクビにしている。

トランプは「自分は本を読まない」と豪語しているが、要は何の蓄積もない、それこそテレビしか見ない人間だ。ろくでもない人間に決まっている。それがアメリカの大統領なのである。

いっとき、私はそんなトランプが大統領であることに、ある種宇宙のルール的なものを感じていた。

それは何かというと、1つには左旋回する前の右。右というものがいかによくないかをアメリカ国民に知らしめて、これから左に向かうのだと。そういうことではないのか。だから、私はウォーレンが大統領になると思っていた。

バイデンにウォーレンが訴えていたようなアメリカの医療改革を進められるのか。トランプによりだいぶ傷つけられたオバマケアを、それなりに格好をつけることができるのか。

今回、こういう新型コロナウイルス事件が起きたことで、トランプはさらに不利な立場に追いやられるはずだ。アメリカには病気に罹患しても病院に行けない無保険者が膨大にいるからである（6000万人といわれている）。

見えない「白人の国」のルールが機能するアメリカ

ところで、今回の新型コロナウイルスの猛威との戦いに、アメリカが大変な苦戦を強いられているのをマスコミが報じている。だが、アメリカではインフルエンザによる死亡者が年間平均で約5万5000人（ブルッキングス研究所による報告）もいることをご存知だろうか。そしてそのほとんどが黒人、ヒスパニック系の人たちだ。

仮に日本人がインフルエンザでそれだけ死亡したら、日本では大騒ぎになるのは確実だろうが、アメリカでは黒人やヒスパニックがそれだけ死んでも白人は騒がない。人種差別とはそういうものだからだ。黒人やヒスパニックに対するエンパシー、共感がまったくない。途切れているわけである。

トランプなどはノーエンパシーの代表みたいなものだし、彼の支持層もノーエンパシーばかりである。これがあれだけ人種の坩堝《るつぼ》になっているアメリカという国の難しさだろう。日本だって何かあればすぐに隣国の韓国と角を突き合わすではないか。アメリカの場合、それが国内にあるようなものなのである。

私はニューヨークに住んでいるが、黒人と顔を合わせる機会はほとんどないと言っていい。黒人が私の生活圏にいないからである。

ニューヨークのマンションにはコンドミニアムとコープ（Ｃｏ－ｏｐ）の2種類がある。コンドミニアムはコンドと呼ばれ、お金を出せば誰でも住人になれるマンションで、日本のマンションの性格に近い。

しかし、ニューヨークは人種の坩堝だ。ある種の人とマンションを共有したくないという要求の強い人たちも多くいる。そういう人たちはコープを選ぶことになる。

私が住んでいるマンションもコープで、ここは人種差別そのものの世界と言っていい。事前審査があって、黒人やラティーノ（ラテン系）はまず住民になれない。日本では購入してしまえば誰もがマンションの住人になれるが、アメリカはそうではない。コンドならば、カネさえ出せば入れる。

コープはそれ自体が会社組織になっており、そこのボード（理事会）が購入希望者と面接をする。それで「この人はちょっと」となる。あからさまに言うと人種差別になってしまうから、ああでもないこうでもないと難癖をつける。そんなことはわかっているから、黒人は最初からこない。

日本人も差別されることは皆無ではないが、ただ人種だけで差別されることはたぶんないと思う。私は２００３年にいまのコープに入居したのだけれど、最初のアジア人だったかもしれない。われわれ夫婦以外はユダヤ人を含めてオール白人だった。

ちなみに超高級のマンションはコープが多い。そこに住むこと自体がステイタスを示すことになり、コープの住人は仲間意識を共有するわけである。

コープの代表格はCPW（Central Park West）72丁目にあるダコタハウスだろう。1881年に建てられ、有名人が多く住んでいたことで知られる。ジョン・レノンとオノ・ヨーコの2人が住んでいたことでも、マドンナが居住を断られたことでも有名な建物だ。

読者の方にもニューヨークに住む友人、知人、あるいは身内がいるかもしれないが、ここで暮らすのは大変である。

医療保険の異常な高さはさんざん書いてきたのでパスするけれど、物価が本当に高い。何もかもが高い。持ち家のマンションの管理費も例外ではない。

たとえば日本で7000万円のマンションを買って住むと、月々の管理費は5万円程度と聞いているが、ニューヨークではそうはいかない。

マンションの価格自体も高いとはいえ、うちの管理費は月に30万円。もちろん日本とシステムが異なって、固定資産税、暖房費、温水費など込みなので正確な比較ではないが、まあとにかくニューヨークで生活するにはコストがかかる。

また、ニューヨークはユダヤ人が多いので白人による差別はそうでもないけれど、田舎に行くと怖ろしいほど白人至上主義者がいる。

縷々《るる》綴ってきたが、アメリカでは見えないところで「白人の国」のルールが厳然と機能しており、そういう意味では白人にとり共和党の存在は大きな意義を持つのだと思う。

けれども、共和党の体質、理念についてはさまざまな問題を内包している。

実相を申し上げると、共和党はひたすらパワーアップを目指し、民主党に負けないためにありとあらゆる汚いことを行うようなところがある。白人はそれを認識しながらも、共和党を支持している。私に言わせれば、共和党の存在そのものが、人種差別に感じられる。だから、共和党の本質を〝糊塗〟するために黒人やマイノリティの共和党議員がいたりする。ただそれは本質を白昼に晒さないためのお飾りにすぎない。そう、共和党イコール白人党なのである。

今後、アメリカの人口は基本的にマイノリティが増えていくのは確実だから、その意味では民主党のほうが有利なのだろう。

話はガラリと変わるのだが、著述家の橘玲氏の本を読んで感心したことがあった。彼は、言ってはいけないことを書く人として知られているのだが、要点だけ記すと、黒人と白人、アジア人ではもともと能力差があるのだと断言しているのである。

アジア人がトップで、その次が白人で、黒人、あるいはヒスパニックの順だという。そういうことは決して公には言えないのだが、アメリカ人のなかにも本気で人種により能力差があると信じている人がいる。

妻の友人でニュージャージーの小学校に務める白人女性の英語教師はその一人で、口癖のように「日本人の子供の能力は高い」と言う。私が「いや、コリアンも同じようなものだろう」と言ったら、「いや絶対に違う。日本人の能力は高い」と返された。われわれが日本人だからかと思っていたのだが、そうではなく本心から、やっぱり能力が全然違うのだと譲らない。

「マイノリティの人たちは能力がない。学校の勉強もできない。これは環境のせいでも何でもない」

そこまで言っていた。橘玲氏的に言えば、生まれつきのものだよというわけである。

まあ、ニュージャージーの小学校に通う日本人の子供は、ある程度親が経済的な成功をしなければそういう環境は得られないとは思うが……。

ウォール・ストリートの腐敗を徹底的に叩いたウォーレン

11月の初めに行われる大統領選挙で、私はトランプは絶対に勝てないと信じている。それに代わる人は誰なのか。いまでは、バイデンが民主党候補に確定的なところまで来たので、トランプがだめならバイデンが次の大統領ということになる。少し前まで私はエリザベス・ウォーレンを優位と見ていた。

アイオワ、ニューハンプシャーで2月の初めに行われた予備選で、ウォーレンは第2位と第3位になったのだが、同じリベラルのバーニー・サンダースをどうしても抜くことができず、最後には女性が勝てるかというメディアの取り上げ方などで、勢いを維持することができず、予備選からの脱落に追い込まれた。

私がウォーレンを際立った能力の持ち主と評価したのは昨日今日の話ではなく、いまから12年前、アメリカのバブルが破裂したときであった。

２００８年、ハーバード大学法律大学院の教授だった彼女は、リーマン・ショック直後に民主党から指名され、政府委員として当時のブッシュ政権が行った銀行・証券の国費による救済を調査した。不良資産救済プログラムに関する議会監督委員会メンバーの議長になると、共和党議員、銀行・証券の経営者を聴聞会に呼び、徹底的に締め上げた。

2009年にオバマ政権が誕生すると、彼女は金融規制改革法の成立を受けて決まった消費者金融保護局（CFPB）設立の責任者に就任した。大学教授との兼任にもかかわらず、ウォーレンは瞬く間に組織をつくり上げ、的確な人材もリクルートしてみせた。

当然、ウォーレンは自分がCFPBの初代長官になるつもりであった。ところが政府の閣僚になるためには上院の承認が必要で、彼女があまりにも〝左翼的〟な考えの持ち主であるということから、共和党の上院議員が断固拒否した。

そこでオバマは他者を初代長官に据えざるを得なかった。けれども、彼女がつくったCFPBは国民に非常に評判のよい組織で、一般消費者が銀行・証券の経営者に騙された分、1兆数千億円余りを取り返し、被害者に戻すという功績をあげた。

民主党としては、尋常ではない能力を示すウォーレンを手放すわけにはいかない。2012年、彼女はマサチューセッツ州の上院議員として政界に出てきた。

とにかく、とんでもなく能力の高いウォーレンの頭脳は抜群にキレる。ディベートでは決して負けない。トランプもディベートでは負けないのだが、トランプは頭が悪いから負けないのと、決して「負けた」と言わないという意味においてだ。

２０１２年の選挙に勝ったウォーレンはいよいよ上院に乗り込んできた。彼女は政府委員時代から、アメリカの腐敗、とりわけウォール・ストリートの腐敗を徹底的に追及していた。

ウォーレンは上院に銀行の幹部連中を呼びつけて、「あなた方はリーマン・ショックというあれだけのディザスター（災害）を起こして、なぜ誰も牢屋に入っていないのか」と舌鋒鋭く攻撃した。銀行勢はみんなウォーレンに散々やられて、うなだれるしかなかった。

また当時のブッシュ共和党政権は、タックス・ペイヤーズ・マネー（Taxpayers' Money：公的資金）を投入、けしからん銀行・証券の経営陣がつくった大赤字の拡大を防いだ。たしか７０００億ドル（約70兆円）ほどだったはずだが、ウォーレンはこれを取り上げて追及を重ねた。

アメリカではC-SPAN（シー・スパン：ケーブルテレビ局）で毎日議会の中継を放映していたので、彼女に快哉を叫んだ人は多かったと思う。

「メディケア・フォー・オール」という壮大な改革

腐敗し切っているアメリカの政治、経済を徹底的に駆逐する気概を持つエリザベス・ウォーレン、もし彼女が大統領になったら何をするつもりだったのか？

彼女が掲げるもっとも大きな政策課題は、民間保険を公的な保険に置き換える国民皆保険制度「メディケア・フォー・オール」の実現である。

アメリカの保険制度は日本と大きく異なるので、説明が必要だろう。メディケアとは65歳以上のための老人医療保険のこと。これは日本と同じタイプの政府管掌医療保険で、私も加入している。

ただし、65歳以下については政府管掌医療保険が与えられないため、民間の医療保険に加入する必要がある。サラリーマンは会社側が全部あるいは一部を負担するが、会社により大きな隔たりがある。いずれにしても、アメリカの医療保険は政府管掌の公的保険と民間の二重構造になっている。

問題は、民間の保険会社が〝腐敗〟そのものということにある。無保険では怖いので、私も65歳になるまでは民間の保険に入っていた。私と老妻の2人、月に1人2000ドル（約20万円）。2人だから月に40万円、つまり、年に480万円も払っていた。

これだけ払えば十分面倒を見てもらえると普通は思うだろう。

ところが、病気になったり、怪我をしたりした場合、民間保険の加入者はその都度保険会社に電話をして、詳細を説明しなければならない。そういう契約になっているからだが、電話に出た担当者は必ず最初は「ノー」と言ってくる。「ノー」と言うのが仕事だからである。

本当にさまざまな理屈を並べて、「いや、それは駄目だ。保険は適用できない」と受け付けない。こちらとしては「年に480万円も受け取っていて、全然払ってくれないのはおかしいじゃないか」と英語でネゴシエーションするしかない。ネゴは延々と1時間から2時間にもおよぶ。

つまり、こうしてネゴをしないと保険が下りないようになっているわけである。おそらく日本で暮らす人には、われわれが感じる〝理不尽〟な気持ちは伝わらないだろう。たとえば、医療費が合計10万円に達しないまでは保険はカバーしないとか、とんでもない規定を設けている。

そのくせバカみたいに高い保険料を請求してくる。そんな民間保険にアメリカの1億4000万人が加入している。これがいまのアメリカの保険会社の現実で、まさに腐敗そのものの姿を晒している。

日本にしても高齢化が進み、公的医療保険システムはなかなかうまくいかず、メリットがどんどん削られてきているが、アメリカに住む私に言わせれば、日本はずいぶんましで羨ましいと思う。日本では「75歳以上になったら2割負担でどうだこうだ」とか騒いでいるが、アメリカに比べればタダみたいなものだ。

いまでもアメリカ人の下層の6000万人が医療保険に入れないでいる。前述したとおり、夫婦2人で年間約500万円もかかるのだから、医療保険に自力で入れる人は本当に限られている。

そういう人たちは病気になったり怪我をしたりしても、病院にも行けない。どうするかというと、みんな救急車を呼んで救急病棟に運び込まれ、そこで手当てをしてもらうわけである。そのときには病院が立て替えて払ってくれるからだ。

そうした非常手段を使わずに病院に行けば、保険証を見せろと言われ、門前払いを食らわされるのがアメリカの日常風景といえる。

ただ救急車で救急病棟に運び込まれ診てもらった人の治療費は、最終的には全部自己負担なので、その病院に対する借金が残ることになる。アメリカとはそういう無慈悲な国なのである。

医療制度と同じくらいにひどいのが、アメリカの製薬会社。暴利の貪り方が半端ではなく、だいたい世界平均の3倍ぐらい薬価が高い。

とりわけ医者に行ってプリスクリプション（処方箋）を書いてもらうような薬はべらぼ

うに高い。なかなか薬も買えないのがアメリカなのである。

だから、みんな早く65歳になりたいわけだ。アメリカでは65歳以上になるとメディケア資格者となり、さまざまな医療サービスがカバーされる。むろん自己負担分もあり、それらギャップ分を補うメディケア・サプリメント、メディ・ギャップなどの保険がある。

金持ちに対する増税に反対する者は、金持ち以外にはいない

エリザベス・ウォーレンは腐敗にまみれた民間保険会社を駆逐しなければならない。国民皆保険制度を導入し、すべてを政府が管掌すべきであると提唱した。

これが「メディケア・フォー・オール（国民皆保険）」であり、急進改革派のバーニー・サンダースも同意見を表明していた。

一方、ジョー・バイデンは「いったいメディケア・フォー・オールの実現にいくらかかると思っているのだ」と否定的な考えを崩さない。

試算によると、メディケア・フォー・オールの実現には10年で32兆ドル（３２００兆円）もかかる。１年間で３２０兆円。日本のＧＤＰが５５０兆円だから、それがいかにとてつもない数字かがわかる。

ウォーレンはそれをどこからやりくりしようと考えているのか。彼女はこう明言した。

「そんなものは簡単なこと。アメリカには世界一多くの富裕者がいる。富裕者に対する増税で、十分手当できる」

彼女は次のように提示した。個人資産5000万ドル（50億円）以上の人については年間2％の資産税をかける。同じく個人資産10億ドル（1000億円）以上の人には年間3％の資産税をかける。これを10年間続けると32兆ドルをカバーするどころか、おつりも出るのだと。

ことほど左様にアメリカには金持ちが多い。しかも金持ちに対する増税に反対する者は、金持ち以外にはいない。これは民主党支持、共和党支持に関係なく、99％が賛成である。

アメリカの民間保険に加入する1億4000万人は、政府管掌の公的保険に置き換えてほしいと熱望している。会社から保険料を払ってもらい、自己負担のない人たちはいまのままでいいと考え、その数1億数千万人。前者と後者の数は、ほぼ互角と思われる。

「では、自己負担のない後者の民間保険もなしにして政府管掌保険にするのか？」

メディアからそう聞かれた彼女はこう返した。

「そうする」

こんな答えは、並みの政治家では腰が引けて絶対にできない。

すでに1億数千万人のアメリカ人が満足、ほぼ満足しているものを取り上げて、政府管掌保険を導入するというのだから。

しかし今回のコロナウィルス禍で、安全だと思っていた会社が倒産し、満足していた民間医療保険が受けられなくなるケースが続出しそうだ。そうなると会社が提供する保険ではなく政府管掌の国民皆保険が有利という国民が大量に宗旨替えする可能性が高い。

コロナウィルス禍はトランプ追放への神意の発現であり、また暴利をむさぼった保険会社を駆逐するディバイン・インターベンション（神の摂理）でもある。

ウォーレンと瓜二つの言葉を発したF・ルーズベルト

もう一つウォーレンが掲げる大きなテーマは、民間保険にも関係するが、腐敗を徹底的になくすことである。

アメリカの政治家はさまざまな富豪から政治献金を受け取る。選挙前には資金集めのディナーパーティを催し、多くの富豪たちに参加してもらう。ディナーに出るだけで富豪たちは10万ドル、1000万円ほど払わされるわけで、日本とは悪い意味でスケールがちがう。

ところが、彼女は大口の政治献金を一切受けない。彼女はこう喝破する。

「大口の献金は腐敗の原因だ。それをする人たちは政治家を買収しようとしているからだ」

けれども、市井の人たちが彼女の応援のために出す100ドル、200ドルの小口献金であれば喜んで受け取る。

ウォーレンは昨年10月15日、以下の声明を出した。

「私は民主党の大統領候補に選出されても、選挙運動のやり方を変えるつもりはなく、高額の資金集めイベントを行わないことを約束する。大手企業の経営幹部から200ドルを超えるいかなる献金も受け取らない」

ウォーレンのターゲットは銀行と証券、いわゆるウォール・ストリートの連中。そして、先にふれた保険会社。さらには、世界でいちばん高い薬代の元凶となっている製薬会社である。

彼女は銀行、証券、保険会社、製薬会社の「四悪」をメディケア・フォー・オールで改革しようと考えていたわけだ。

当然、ウォール・ストリートからは「極左のとんでもないオバサンだ」とウォーレンは凄まじい反感と顰蹙を買っている。

ウォール・ストリート全般は「彼女の政策は、上部の資本構造に対する迫害である」と断じ、ウォール・ストリートに関係する民主党の大口献金者のなかからも、彼女を大統領候補に立てるのなら、本選挙で民主党には献金しないという脅しが何件もあった。

それに対して彼女はこう返した。

「ありがとう。あなたたちの献金はいらないわ」

これ以上腐敗を続けさせないためには、そうした資金のパイプを切ることが重要だというわけである。

本選挙になれば別だろうが、プライマリー（予備選挙）の場合には一切コーポレートの金は受け取らずに戦う。彼女は宣言どおりにこれを実行した。

なぜ、こうまでかたくななのか？　これから革命を行っていくわけだから、革命で潰される側からお金をもらったのでは革命にならないからだ。そのあたりの態度が非常に素晴らしい。

「私は資本家たちから鬼のように嫌われている」

これは彼女の口癖のような言葉だが、同じ言葉を発した人物がアメリカの政治史に存在した。１９３３年、大恐慌の際に第32代大統領に選出されたフランクリン・ルーズベルトである。

ルーズベルトはこう述べている。

「私は資本家の連中に忌み嫌われている。けれども、私はそれを歓迎している」

ルーズベルトはウォーレンが目指している一種の革命を起こした。知ってのとおり、彼は救済（Relief）、回復（Recovery）、改革（Reform）の3Rを政策理念としたニューディール政策を打ち、国家主導でアメリカを大不況から脱出させた。

エリザベス・ウォーレンの掲げる政策はニューディール同様のインパクトを持っていた。さらに彼女はフランクリン・ルーズベルトのニューディール政策にちなみ、アメリカ社会にグリーン・エネルギーの業界を新たにつくり、化石燃料の業界から労働者や経済構造をシフトする壮大な試みである「グリーンニューディール」を掲げている。

つまり、彼女が狙っているのはトランプを倒すといったつまらぬ次元ではなく、アメリカに一種のリベラル革命をもたらすことであった。アメリカは政治も経済も腐敗にまみれてしまった。この腐敗を断ち切るために自分は大統領になって革命を起こす。こんな政治家はいままでいなかった。私はそこが最高に素晴らしいと思っていた。

死んだ子の歳を数えるようで気が引けるのだが、もしエリザベス・ウォーレンが予備選を勝ち抜き、今年5月あたりに正式に民主党の大統領候補に選ばれたとしたら何が起こったか？

ウォーレン・ショックにより、ウォール・ストリートの連中がパニックとなるのは必至であった。ウォーレンに「メディケア・フォー・オール（国民皆保険）」を大統領選挙の公約にぶち上げられると、前述したとおり銀行、証券、保険会社、製薬会社が徹底的に打ちのめされる怖れがあることが想起されるからだ。

トランプもそれを予測して、もっぱらこう言及していた。

「おれを大統領から降ろしたら、株価は暴落するぞ。だから、おれを支持しろ」

これと同じようなセリフを聞いたことがある。1990年日本の株価が大崩壊を始めたとき、野村證券の顧客に対するセリフで「今度の選挙で自民党が勝てば株は元に戻るから、自民党に投票しましょう」、自民党はその選挙で勝ったが、株の暴落は加速した。

「ウォーレンが大統領になったらどうなるのか」という恐怖が高まってきて株価は下がり続けるのだと私は予測していた。私は是非ともウォーレン・ショックを見てみたいと思っていた。

だが、アメリカの株価暴落はそれよりもかなり早めに訪れた。コロナショックと呼ばれてはいるが、このバブル崩壊は間違いなくアメリカに対して振り下ろされた神の鉄槌、すなわち、ディバイン・インターベンションである。

反知性主義的な面が強いアメリカ人

トランプ大統領と蜜月の関係にあるのが、FOXニュースのキャスター、ショーン・ハニティー。何の資格も知識の裏付けも経験もないキャスターに、テレビに出てきたトランプが政策について相談を持ち掛ける。他愛もないキャスターのアドバイスを嬉々として聞いているトランプ。これがアメリカの大統領の振る舞いなのか。いつも苦いものがこみ上げてくる。

頻繁にテレビに出てベラベラ喋るような大統領はもちろんトランプが初めてであるし、ツイッターなどは毎日更新しているし、自分のすべてをさらけ出している薄っぺらなエンタテイナー。

基本的に何の能力も備えていない自己顕示の塊。私にとりトランプは完全に嫌悪の対象であり、顔も見たくない。だが、しょっちゅう得意げな顔でテレビに出てくる。彼はexpression（エクスプレッション：感情の表現）を抑えることができないのだろう。

ただコアなトランプ人気は不思議なほど衰えをみせていない。これはアメリカ人の反知性主義的な面が強いという特性をあらわしているのかもしれない。

先にも書いたが、大統領選挙は77歳のバイデンと74歳のトランプとの白人同士の、まったく魅力のない2人の、恐るべき不毛の戦いとなる。

4月8日、大統領選の民主党候補指名争いで、バーニー・サンダース上院議員が撤退を表明した。

前回ヒラリー・クリントンが大統領候補になったとき、なかなかサンダースが降りず、それでヒラリーが本選挙に全力投球できなかった。それもあってか、今回サンダースは潔く早めに下りたようである。それでサンダースの支持者がバイデンに協力するかどうかだが、相手がバイデンであればそれほど嫌がらないのではないかと思う。

仮にエリザベス・ウォーレンが大統領候補になれば、同じ左派で競り合っていたことから、本選挙で協力しない可能性はあったのではないか。

今回の予備選でウォーレンが勝ち抜けなかったのは、掲げる政策があまりにも強烈であったことも大きかったけれど、それよりもあまりに頭が切れたり、素晴らしい実績を携えたりする人があまり好きでないというアメリカ人気質がここにも反映されたのではないか。

私が知る歴代大統領のなかでは、民主党でいうとオバマはオラトリー（雄弁術）が突出していた。頭だって決して悪くはないけれども、彼の演説の能力は非凡なものがあった。またウォーレンの話に戻ってしまうが、彼女にはそういう力はない。その代わり、当意即妙に切り返す力とか、ディベート力には惚れ惚れするようなところがある。

人気でいうなら、83年に私がアメリカに渡ってきたときに大統領だった共和党のロナルド・レーガンはなかなか人気が高かった。ハリウッドから政界に転出したレーガンは「役者崩れに何ができるか」と揶揄《やゆ》された時期もあったが、大統領に就任後アメリカの景気を良くしたことで評価された。

先にふれた20年毎の法則に則って、民主党のカーター政権が1期で終わり、政権を奪取したのがレーガンであった。

そういえば1860年に当選したリンカーン大統領は暗殺されたし、1960年に大統領となったケネディも銃弾に倒れた。とにかく20年毎の大統領選挙は一筋縄ではいかない。いまから20年前の2000年の大統領選挙では共和党のブッシュが民主党のゴアに勝利したものの、最後のフロリダ州でひと悶着あった。

結局、総得票数ではトランプを300万票も上回ったが選挙人数で下回った、要は共和党に有利に設定されている区割りのために敗れた前回のヒラリー・クリントンと同じパターンであった。ここがアメリカの選挙制度のおかしなところで、ブッシュもトランプもあまり大きな顔はできない。

したがって、「従来の選挙制度を変えろ。単純明快な総得票にしろ」という声は選挙のたびに上がっている。だが、共和党はそれには絶対に乗らない。総得票でやったら負けるに決まっているからだ。

しかもこれからマイノリティが増えるに従い、共和党はどんどん不利になっていく。普通の形で選挙をすれば、民主党が勝つようにできているので、共和党としてはさまざまな詐術を弄して、知事の力で投票権を無効にするわけだ。

たとえば、マイノリティの多くは貧しいので車を持てない。そこを突いて、物理的に行かれないほど遠くに投票所を置くとか、信じられないような妨害が行われている。

このようにありとあらゆるやり方を用いて、かろうじて民主党と互角に近い勝負をするというのがいまの共和党の姿なのだ。何ともはや情けない連中。それが共和党なのである。

最終章

相場についての考察

個人投資家が株式の認識を変えたバブル破裂

実は私はノンポリそのもので、若い頃は学生運動などには何の興味も湧かなかった。チンピラ風情がいくら騒いだからって世の中は変わらない。そのころから人間ができることなど限られているではないか、世の中はすべて予定調和みたいな神意で動いているのだとずっと思っていた。人間の力などたかが知れているのだと悟った。

相場をやり始めてからはその気持ちがさらに強くなり、絶対にそうだと思うようになった。世の中は人為では動かない。インベスターがたくさん買ったから上がった、なんてウソに決まっている。

アメリカのテレビを見ていると本当に嫌になる。きょうはインベスターがこう言ったのでみんなで売りました、と平気な顔でキャスターが言っている。こんなものウソに決まっている。下がるから売ったのだ。彼らが考えて売ったから、下がったのではない。そういう相場の基本みたいなことをすべて無視して、なんでもインベスターのせいにしてはダメなのだ。

まあアメリカもこんなレベルなので比較する意味があるかどうかわからないが、あえて日米で比較すれば、それでもアメリカ人のほうが投資に対する常識を備えている気がする。現実に一般のアメリカの人たちが投資に勤しんでいるからだろう。

対する日本人は投資オンチ。これは致し方のないところがあって、ほとんどの日本人はハンド・トゥ・マウス（その日暮らし）だったからだ。お金ができたのはここ30年、40年だから。そこは200年間、資本主義をやってきたアメリカには蓄積がある。

日本人は基本的には投資に対する経験もないし、知識もない。それでも戦後、個人投資家でそこそこ成功した人たちがいた。

私のもう一つ上のジェネレーションの個人投資家の人たちの話を聞くと、「株を買ったら売らないこと」が成功の秘訣だとよくいわれた。

持ち株が少し上がったからといって売ると、もっと上がってしまい、地団太《じだんだ》を踏むことになるからであった。長期に保有していると株式分割もあるし、経済成長に伴い株価も上昇する。

したがって、売らないことが成功の秘訣である。これが高度経済成長時代における個人投資家の常識だった。変に途中で売ってしまうとミスをするからだ。とにかく売らないこと。

ちゃんとした会社の株を買って、ずっと持っている。それが崩れたのが１９９０年のバブル破裂だった。以来、そうした常識がなくなった。

とにかく昭和24年の東京証券取引所再開以降、なかには回転商いをする人もいたが、小金を持っていた人はしっかりした銘柄を買ったらずっと持っていた。

日本においては、いまは株の性質が変わってしまった。株でキャピタルゲインを取るよりも、株でインカムゲイン（配当金）を取る。債券が利回りゼロになってしまったから。そちらのほうへと流れが変わってきている。

キャピタルゲインをアテにしないで、インカムゲインを取るということで株を買うわけである。これはこれでいいのだと思う。長いこと株を持っていれば株価も戻ってくるから、債券と同じようなものであるという認識なのだろう。

一つだけ問題なのは、これから景気が悪くなったときに配当は落ちるだろうということだ。それでもだんだんとキャピタルゲイン狙いでなく、インカム狙いの株の保有にシフトされていくのではないかと私は見ている。特に株価が下がってきたときには。それが賢い人の投資ではないだろうか。

日経平均を２万４０００円で買う愚か者は別にして、お金がある人は１万６０００円で買って、とにかく配当取りに徹する。下がったらさらに買うと。それが一番賢いやり方だ。アメリカでもそうしたシフトが起きるかもしれない。だが、まだ結構キャピタルゲイン狙いの投資が多いのが現実である。

何もしないことが最大の武器となったデフレ時代

言うまでもなく、インフレ時代にはカネの価値の下落に対する防衛手段として投資は不可欠である。そして、インフレ時代の投資は長期的には必ず報われるものである。

一方、デフレ時代は何もしないことが大事だ。何もしないことが最大の武器となる。だが、これは資本主義の退廃であって、放置するならば重大な結果を招くことになる。

日銀の資金循環統計によると、個人（家計部門）が持つ金融資産の残高は、2018年度末で前年度末比0・3％増の1835兆円と、年度末として過去最高を更新した。所得環境の改善を背景に現金・預金の増加が寄与したためで、前年度末を上回るのは10年連続という。

比率内訳を見ると、全体の53・3％を占める現金・預金は1・9％増の977兆円と年度末ベースで最高を更新した。一方、株安が響き、株式・出資金が9・5％減の183兆円、投資信託も取引が振るわず2・2％減の71兆円だった。

6年前の2012年の日銀の統計をさらってみると、個人の金融資産残高は1518兆円だったから6年間で、約20％も増えたことになる。現金の保有比率や有価証券の比率もほとんど変わっていない。

アメリカの有価証券比率が50％超、現金、預金の比率が15％であることを考えると、日本とアメリカの状況が正反対なのがわかる。

90年のバブル破裂後デフレが続いていた日本ではじっとしていることが優先されたので、977兆円もの巨額の現金、預金が眠っている。一方、あまりにも日本人のお金が株式や投信を通じて企業にリスクマネーとして回って、経済貢献していないのは惜しい。どうしたら個人マネーを貯蓄から投資に誘導することができるのか。

答えは簡単。インフレになれば、勝手に貯蓄から投資にカネは動く。預貯金で持っていれば、インフレ時代には、カネが目減りするのだから、好むと好まざるとにかかわらず、カネは投資に回らざるを得ない。

つまり、インフレ時代には、何もしない人は損をするという正しい姿に戻る。デフレという一時的な時間帯を除いては、何もしない人は損をするというのが資本主義の原則なのである。

日本がインフレに転じる2024年以降が待ち遠しい。

逆回転するアメリカ政治

ところで相場では多くの個人投資家が決まって少しずつ損をしている。そのように損をする人がたくさんいないと、誰かが大儲けできないからである。資本主義の世の中とは、基本的にはそういう構造になっている。

よく講演などで申し上げるのだけれど、一般の主婦が50万円、100万円のヘソクリをして、そのお金で株や投信を買っては損をする。その損失をユダヤ資本の抜け目ない連中がかき集めて大儲けするのは、よくあるパターンだ。彼らは100億円単位で儲けるわけで、みなその餌食となるわけである。

これは考えてみれば当たり前のことで、誰かが勝つためには誰かが負けなければならないわけで、資本主義とはゼロサムの世界なのだ。したがって、必然的に格差を招くことになる。

それでは、その格差をどう捉えるべきか。私の考えはきわめてシンプルで、何事にも〝限度〟があるということだ。

資本主義体制下にある国において経済格差が生じるのは仕方のないことで、ある程度はそれを受容しなければならない。けれども、あまりに行き過ぎた格差はインジャスティス（不正義）だと思う。

たとえば、トリクルダウンをスローガンとするレーガン・アジェンダになびいたアメリカだ。現在のアメリカは全体の1％の勝利者が抜きんでた富を得ている。まさにウィナー・テイクス・オールの世界を繰り広げているアメリカはインジャスティスな国であり、正されなければならない。

それを正していく主体は国家である。インジャスティスを政策的に正していくことは、国家の最重要課題と言っていい。

具体的には、リベラル的、あるいは社会民主的な政策による富の再分配が必要となる。それはたとえば、租税制度や社会保障制度の改革であり、あるいは日本のそれのように一部の既得権益層のみが潤うだけのものではない、真に有効性の高い公共事業の展開である。それらにより、富める者から貧しき者へ所得を移転させていかねばならない。

そうした富の再分配への動きは40年の時を経て、アメリカで再びうねりをあげようとしている。ウォーレンが提唱した「メディケア・フォー・オール」という壮大な医療改革案は、そのシンボルのような存在だ。

コロナショックを経験したアメリカ国民は、1％の勝利者を除き、あらためてその必要性とインジャスティスからの脱却を急がねばならないと痛感したはずだ。

アメリカも今秋の大統領選挙で民主党候補が勝ち、トランプが退場していくことで、政治も経済同様、逆回転を始めるのであろう。

歴史の周期性を読み取れ

以下は、本を記すたびに幾度も説いてきた、いわば私の哲学なので、ぜひ心してお読みいただきたい。

私が相場を見るときにもっとも大切にしているのは「時間」への観点である。時間を歴史に置き換えてもいいだろう。

日本にはエリート教育というものが存在しない。一方、欧米にはそれがある。そして、欧米のエリートたちが学校教育で学ぶカリキュラムのうち、最重視されるのが歴史である。

歴史をつぶさに検証してみると、そこに生起するさまざまなイベントが、良いことも悪しきことも、ある周期性をもって繰り返されていることが見て取れる。諺にもあるとおり、「歴史は繰り返す」のだ。まるで何者かの意思によって決定されているかのように。

だから、私は歴史的に重要な日は、何月何日まで覚えていて、その日と相場との関連性まで大抵は覚えている。そこまで猛烈に勉強したからかもしれないけれど、チャートにしても私ほど長いところから持ってくる人間はいないのではないか。古くはチューリップ・バブル破裂の日から持ってくるくらいだから、引き出しの多さには自信がある。

その歴史の周期性、つまりサイクルを読み取るために、私が用いるのが皆さんご存知の黄金分割というツールである。

エコノミストの連中はさまざまな経済学の方法論を用いて経済情勢を分析するけれど、分析ツールとしての経済学はいかにも不完全で、曖昧なものだ。黄金分割にはそのような曖昧さはない。シンプルにして完全。かつ極めて明晰な武器である。

もともと相場に携わるようになる前から、私は超自然的なもの、スーパーナチュラルな存在に対する畏れのような感情を抱いていた。その畏れの感情が、相場に深くかかわるにつれ、より強くなってきた。

相場に携わるようになった若い頃、私は生意気な人間だった。相場というのは、儲かるときにはそれこそシャベルで土を掘るがごとく面白いように儲かる。連戦連勝を重ねていくと、えてして自分は相場の天才ではないか、などとひどく生意気なことを思い始めてしまうものだ。

そんなふうに思い上がっていると、相場は必ずそいつを懲らしめにかかってくる。驕り高ぶりには鉄槌を下すのが相場というものだからだ。私も、いやというほど痛い目に遭ってきた。

だから、相場にかかわるときには、人は謙虚でなければならない。さしもの生意気だった私も、相場の教えに従い、次第に謙虚な人間になっていった。

そうした経験を積み重ねていくうちに、強く感じるようになってきたことがあった。それは、相場に携わる者は誰もがスーパーナチュラルな存在に〝見られて〟いるということだった。その存在こそが、人の驕り高ぶりに鉄槌を下すのではないか、と。

その考えを突き詰めていくと、相場とはその動向がすでにスーパーナチュラルな存在によって決められているのではないか、という認識にたどり着いた。相場のシナリオはスーパーナチュラルな存在によってあらかじめ描かれており、われわれにできることはそれを〝読む〟ことしかないのではないかと。

相場のシナリオは、われわれがクリエイトするものではない。われわれにできるのは、それを読むことだけなのである。

壮大なミスコンセプションが支配する人為の世界

上がると思って買いポジションを持ったところ、相場はどんどん下げていく。こういうときは素直に負けを認め、損切りをしなければならない。相場でいちばん避けなければならないのは、損失が生じたときに意地になり、「これは相場が間違っているのだ。自分の判断は正しい。必ず上がるから、ここでナンピンを入れて、ポジションを増やしていこう」などと熱くなることだ。

相場には正しいも誤りもない。自分が持っているポジションとは逆の方向に動いているにもかかわらず、最初につくったポジションを意地になって持ち続けようとすると、必ず相場の神様からしっぺ返しを食らう。どんどん相場が下がり、傷口を広げてしまうことになる。

ましてや、意地になるあまり、ナンピンでポジションをどんどん増やしていくことなど、愚の骨頂だ。だいたいにおいて、ナンピンで成功したという話を、私はこれまでほとんど聞いたことがない。大損をしたという人の話を聞くと、負けているのにポジションを増やしているケースが非常に多いのだ。しかも、自分のポジションと逆に動いたときが大相場だったりしたら、もう身の破滅である。

そもそも経済とか、相場とかいうものは、ほとんど人為と関係のないところで営まれているものである。ところが人間界には壮大なミスコンセプション（思い違い）があって、全部人為で何とかなると思っている。愚かである。ミクロの企業経営などではなく、巨大な生き物である国家経済や、その体温である株価、為替相場といったものは、人為では決して動かない。

そして「相場学」の最後は、いかに人智を尽くして神意に気付くか、ということになる。相場は、結局神の手に委ねられている。浅はかなわれわれ人間が、「ああだ、こうだ」と解析してわかるものではない、これが私の基本的な哲学である。

私の哲学と対極にあるのが、ジョージ・ソロスをはじめとするヘッジファンドたちだ。彼らは人為の世界の象徴と言ってもいいだろう。巨大な資金量や情報力、場合によっては政治的な動向まで利用して、短期間に大きな利鞘を取ろうとする。短期間にどこかに歪みを見つけ、大量の資金で売り買いをして儲けていく。

それは確かに一つのやりかたではあるだろうけれど、所詮人為はマーケットではきわめて短期間しか通用しない。マーケットは神意の世界だ。だから、自分の知力を絞りぬいて、神意を読めるかどうか、そこにかかっている。

あとがき　相場は勝って当然、負けても当然

私はトレーディング専門の人間だから、決してインベストメント（投資）はやらない。ただし、通常の金融商品の売り買いはあまりせず、レバレッジ20倍、25倍レベルの先物取引でマージンを稼ぐことに専念している。

お客さんのなかにはドンと大きく買ってそのまま動かずに持っているというタイプの人がいるが、それはそれでいいのだと思う。

ただ私は根っからのトレーディングの人間だから、頭をフル回転させて売ったり、買ったりして、その結果、損したり儲かったりしている。まあ、そういう刺激に満ちた人生が好きなのだろう。

私はある意味、百戦錬磨のトレーダーといえる。さまざまな状況に慣れているから、普通の人なら真っ青になったり、飛び上がって喜んだりする場面であっても、一喜一憂はしない。

負ければまた勝つ。相場は明日も明後日も半永久的に続くのだ。いちいち感情的になっていては務まらないし、何よりも体力を消耗してしまう。

勝っても、負けても、眉ひとつ動かさず、勝って当然、負けても当然というのが相場に携わる者のあるべき姿だと固く信じている次第だ。

私は間違ったと思ったら、簡単にストロス（ストップ・ロス損切り）をする。損切りをしないと、相場の世界では生き残れない。

別に私はインベスターではなくてトレーダーだから、損を抑え、大きな勝ちを狙わずに小さな儲けでもいいから、利食って利益を積み重ねる。

けれども、寝ている間にボーンと150万ドル儲かったとか、相場にはそういうことがよくあるわけで、それはそれで相場の面白いところでもある。

まあ刺激に満ちたトレーディングの仕事は、私の心の栄養になってくれている。

一方、体の栄養については、毎食ちゃんと美味しいものを食べることだろうか。

齢76の私にとって、相場以外のいまの関心事は、特に食事に傾斜している。

要するに、もう回数があまり残っていない。晩飯にしたって、仮にあと20年生きたとして、7300回しか食べられない。だから、美味しくないものを食べたとき、貴重なチャンスをムダにしたという意味で、猛烈に腹が立つのである。

〈付録〉 相場と黄金分割

日柄の分析なしの価格分析は無意味

私は30年以上前から、黄金分割と正五角形（ペンタゴン）を用いた手法を相場分析に用いている。

相場をグラフにすると、価格が縦軸（y軸）、時間が横軸（x軸）になる。価格yは時間xの函数と見ることができるわけである。この見方に従って分析を重ねた結果、相場は波動であり、その波動の周期や振幅（価格変動）を示唆してくれるのは黄金分割以外に無いという結論に至った。

多くの人は価格（y）を当てることに集中するあまり、時間すなわち日柄の重要性を見落としがちである。しかし、相場が波動であるなら、日柄の分析なしに価格を予測しようとしても無意味である。

投資において価格が重要なのは当然だが、日柄もまた重要である。

たとえば、ＩＴバブルのときには暴落を予測してＩＴ関連株をショートしたものの、予測よりも相場上昇が続いたために、大損した投資家がいた。

黄金分割とはGOLDEN RATIO

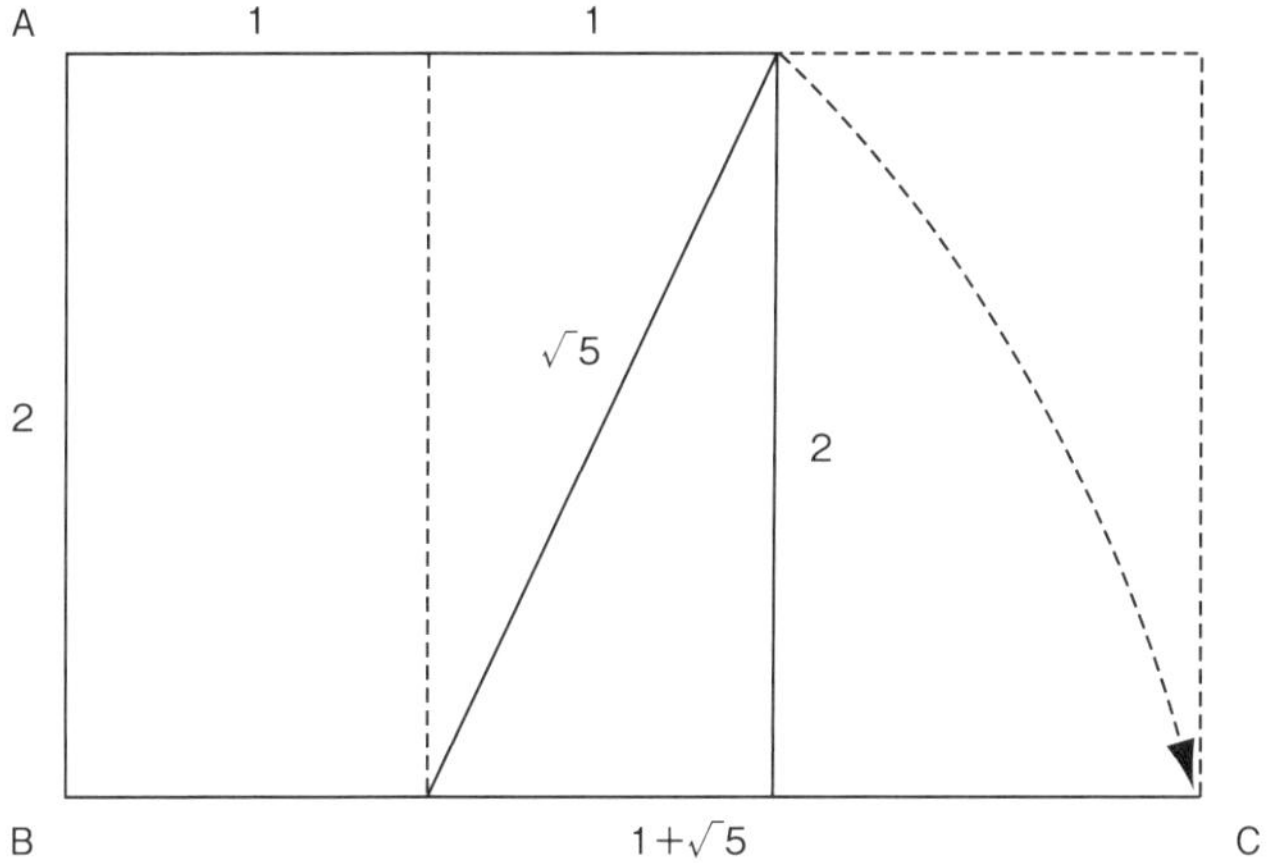

ABとBCの比率が黄金分割(美しい比率)

$$\frac{BC}{AB}=\frac{1+\sqrt{5}}{2}=\frac{1+2.236}{2}=\frac{3.236}{2}=1.618$$

1.618×1.618=2.618
1.618÷0.618=2.618
1.618×0.618=1.0
2.618×1.618=4.236
2.618+1.618=4.236

IMPORTANT NUMBERS

したがって重要数値	62	162	262	424
およびその半分	31	81	131	212

「下がる」という予測は正しくても、「いつ下がる」まで予測しなければ、相場で儲けることはできないのである。そして、その「いつ」を示してくれる唯一の手法が黄金分割なのである。

黄金分割とは、黄金比で長さを分けることで、黄金比とは、長さa＋bの線分が、a：b＝b：(a＋b)となる比のことである(具体的には0・618：1＝1：1・618)。

この比は、いわゆるフィボナッチ数からも導かれる。フィボナッチ数とは、前項と前々項の和から得られる数列で、具体的には

0、1、1、2、3、5、8、13、21、34、55、89、144、233

である(最初の二項は0と1)。

この特徴は、前項との比が黄金比に収束することである。第四項以降では

2、1・5、1・667、1・6、1・625、1・615、1・619、1・618、

…と、急速に黄金比に収束していることがわかる。

このフィボナッチ数は、植物の葉の付き方など、自然界に数多く出現する。そして、黄金比は人間が最も美しく感じる比でもある。詳しい理由はわからないが、宇宙には黄金比・黄金分割が満ち溢れているということであろう。

ペンタゴン

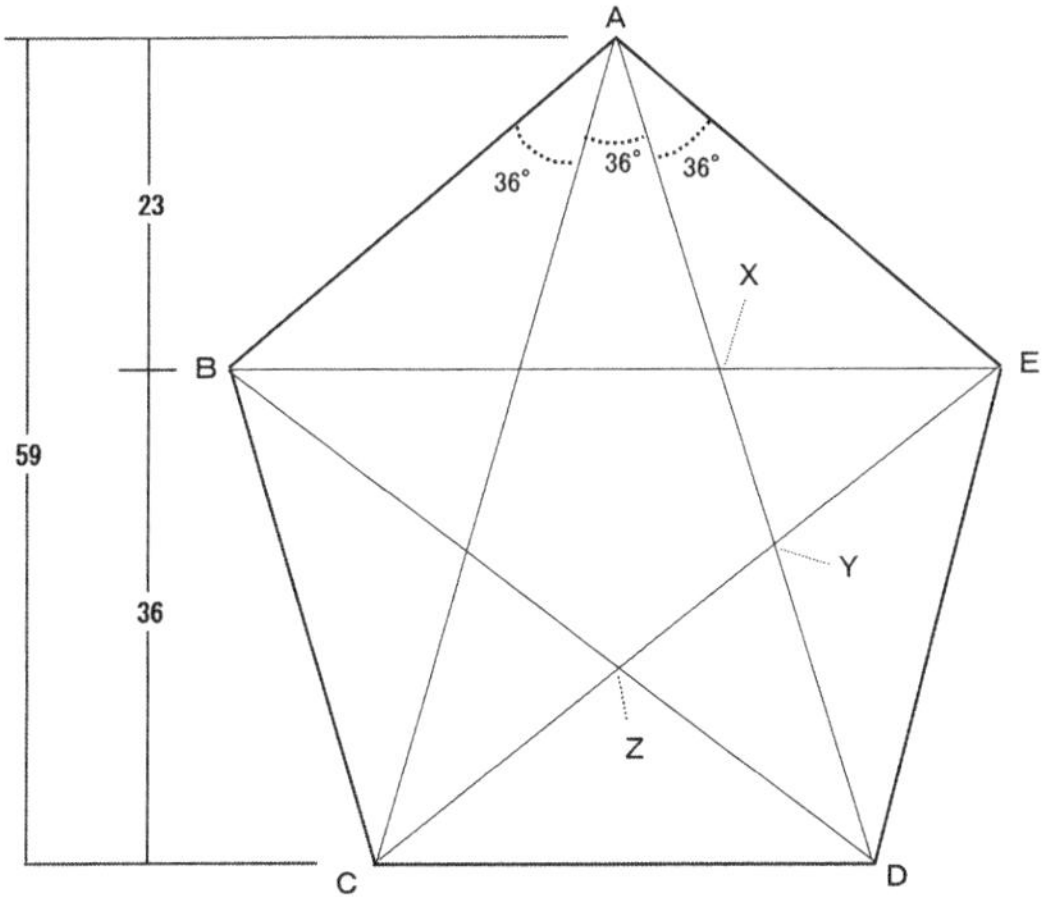

対角線　AC　AD　BD　BE　CE ＝ 61.8
一辺　　AB　BC　CD　DE　EA ＝ 38.2

値頃

CA：水平線　CDから72°で上昇する線（スティープなサポート）
CE：水平線　CDから36°で上昇する線（マイナー黄金分割）
ACを垂線に置いた場合のCD：水平線と18°の角度を保って上昇する線
（メジャー黄金分割トレンドライン）

TIMING		DAYS	W/KS	M/S	
日柄	CDからA CD X Y Z	59日 38日 26日 31日 19日	59週 38週 26週 31週 19週	59カ月 38カ月 26カ月 31カ月 19カ月	その2倍の118

HEIGHT
CとAの高さ（値段）　59　2倍の118も重要
CとXの高さ（値段）　36
CとYの高さ（値段）　23
CとZの高さ（値段）　14

黄金分割が与えてくれるいくつかの指針

私は相場も宇宙の動きだと思っている。もちろん、それは説明できないが、1年がなぜ365日なのか、地球の自転はなぜ24時間で1回転なのか、月はなぜ28日周期で形を変えるのか、誰も説明できないのも同じである。

相場で起こっていることは観測できても、その根本ルールは誰にもわからない。エコノミストたちはいろいろと勉強しているのだが、未来予測のための方法論を見つけられていない。

だが、根本ルールがわからなくても、結構有効なルールではないかと思われるのが黄金分割なのではないか。問題は、黄金分割は複数のことを指し示すので、その複数の指針のどれを取るかというところに分析者の恣意性が入り込み、そこで間違えるわけである。

黄金分割の方法論は正しいが、いくつかの指針を与えてくれるだけで、「これだ」という指針をくれるわけではない。ただ、この3つくらいのうちのどれかだという指針はくれる。選択肢を非常に狭めてくれるわけである。

もっと欲張る人は「ピンポイントで一つの指針が欲しい」と言うわけだが、そこまでいくともう神様になれということである。

ただ、私も若い頃には「ほんとに、ひょっとしたら、俺、神様なのかな」と思ったことがあるのも事実である。当たるときには本当に恐ろしいように当たるのである。だが、「ひょっとしたら、俺って神様かもしれないな」と思うと大失敗するわけである。思い上がると、天罰は必ず下るということで、世の中、実にうまくできている。

しかし、基本的に方法論は正しいので、間違えるときもあるが、間違え続けることはあまりない。方法論が間違っていれば外れ続けるわけだが、方法論が合っていればきっと波動で当たるときが来るはずである。当たり・外れも、自分のバイオリズムと相場が合っているかどうかということである。

生き物のように振る舞うインデックスの不思議

この黄金分割という方法論を絶対的にこれしかないと思っていて信用しているので、当たらないときには「俺の読みが間違っていた」と考える。狭めた選択肢からピックアップしたものが間違っている。そういう間違いがあるときには、必ず何かの思い込みがあるものである。

インデックスが一つの生き物のように振る舞うことも、相場の不思議である。たとえば、ニューヨークダウ工業株30種平均は30銘柄から構成されるが、算出が開始された1928年から今まで残っているのはGEただ一つであり、残り29銘柄は入れ替わっている。

誰がどう考えても、30銘柄のうち29も入れ替わったインデックスが連続的に動くというのはおかしいだろう。しかし違うのである。インデックスそのものが生き物であり、構成される30銘柄などどうでもいいのである。

これは生物学者福岡伸一先生の「動的平衡論」の体現である。

細胞は毎日入れ替わっているが、生命体としては一つのバランスを取って同一性を維持している。一体生命とは何だという考えである。

本当に不思議だが、ニューヨークダウもS&P500も動的平衡を体現しているのである。ブルーチップが30銘柄のうち一つしか残っていないというのに、それが全部チャートできれいに黄金分割で描けるところが不思議の世界である。

日経平均株価もそれほど大幅ではないが、結構入れ替わっている。

わかっていない人は、中身が変わって全然違うものだから、連続性はないはずだと考える。しかし、それは相場を知らない人である。

細胞がすべて入れ替わっても人間は変わらないように、インデックスも動的平衡の不思議を体現しているのである。

ペンタゴンの重要な数字

黄金比の1・618と0・618からは次の数値が算出できる。

1・618×1・618＝2・618
1・618÷0・618＝2・618
1・618×0・618＝1
2・618×1・618＝4・236
2・618＋1・618＝4・236
0・618≒0・62、1・618≒1・62、2・618≒2・62、4・236≒4・24

黄金分割を用いた相場の日柄分析では、この「62、162、262、424」とその半分の「31、81、131、212」を重要な数字として適用している。たとえば、162週、62カ月、262四半期などである。

ダブルペンタゴンによるタイミングパターン

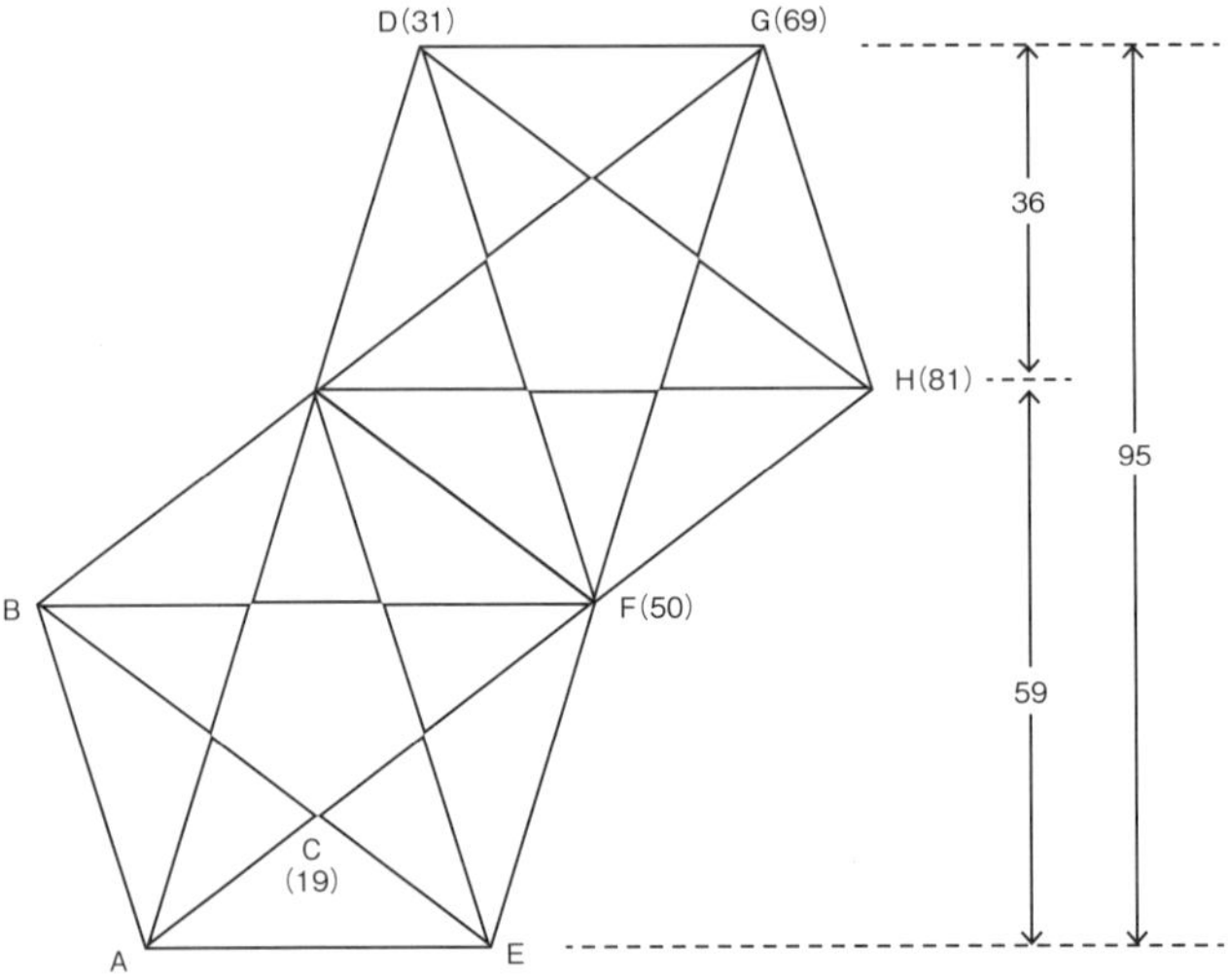

一辺の長さ1の正五角形の対角線の長さは黄金比の1・618になる。図に示したように、「59、36、23、14」も相場の日柄のタイミングと価格を示す重要な数字である。

また、ペンタゴンを2つ組み合わせたダブルペンタゴンから導出される「95、69、50、31、19」も重要である。59日、38週、31カ月などの日柄が相場の転換を示すタイミングとなる。

相場のトレンドを教えてくれるのが正五角形の対角線である。水平線に対して36度のCEが黄金分割のサポート線になる（マイナー黄金分割）。メジャーなトレンドラインはその半分の18度、2倍の72度のCAは急上昇のスティープなサポートになる。

これら18度、36度、72度線を上向き・下向きに伸ばしたものが、相場のトレンドやサポート、あるいはレジスタンスのラインになる。

●著者略歴
若林 栄四（わかばやし・えいし）
1966年、京都大学法学部卒業。東京銀行（現三菱UFJ銀行）入行。同行シンガポール支店為替課長、本店為替資金部課長、ニューヨーク支店次長を経て、1987年、勧角証券（アメリカ）執行副社長。1996年末退職。現在、米国（ニューヨーク）に在住。日本では金融商品の投資助言会社である㈱ワカバヤシFXアソシエイツの代表取締役を務める。歴史観に裏づけされた洞察力から生み出される相場大局観で、国内外の機関投資家、個人投資家に絶大な人気を誇る。

著書に『人為バブルの終わり』『世界経済の破断界』（いずれもビジネス社）、『黄金の相場予測2019 パーフェクト ストーム』『覚醒する大円高』『デフレの終わり』（いずれも日本実業出版社）、『アメリカ経済の終焉』（集英社）などがある。

マネー消失 ～金本位制で再生するしかない金融秩序の崩壊

2020年6月1日 第1刷発行
2020年7月1日 第2刷発行

著 者 若林 栄四
発行者 唐津 隆
発行所 株式会社ビジネス社
〒162-0805 東京都新宿区矢来町114番地
神楽坂高橋ビル5階
電話 03(5227)1602 FAX 03(5227)1603
http://www.business-sha.co.jp

カバー印刷・本文印刷・製本/半七写真印刷工業株式会社
〈編集協力〉加藤 鉱
〈カバーデザイン〉上田晃郷
〈本文デザイン・DTP〉茂呂田剛（エムアンドケイ）
〈編集担当〉本田朋子 〈営業担当〉山口健志

ISBN978-4-8284-2188-9

ビジネス社の本

世界経済の破断界

世界に吹き荒れる後退とデフレの真実

定価　本体1500円＋税

ISBN978-4-8284-1844-5

若林栄四……著

世界は同時デフレに突入し、
日本だけが回復する！

米国主導経済の停滞と世界経済の末路とは？
また一歩、断末魔に近づいた!?
美しくも残酷な予定調和に世界は収斂されていく！
つまり日本経済以外は全部沈没するのだ

本書の内容